SUBJETIVIDADE E CONSTITUIÇÃO DO SUJEITO EM VYGOTSKY

COLEÇÃO PSICOLOGIA SOCIAL

Coordenadores:
Pedrinho A. Guareschi – Universidade Federal do
Rio Grande do Sul (UFRGS)
Sandra Jovchelovitch – London School of
Economics and Political Science (LSE) – Londres

Conselho editorial:
Denise Jodelet – L'École des Hautes Études en Sciences Sociales – Paris
Ivana Marková – Universidade de Stirling – Reino Unido
Paula Castro – Instituto Superior de Ciências do Trabalho e da Empresa (Iscte) – Lisboa
Ana Maria Jacó-Vilela – Universidade do Estado do Rio de Janeiro (Uerj)
Regina Helena de Freitas Campos – Universidade Federal de Minas Gerais (UFMG)
Angela Arruda – Universidade Federal do Rio de Janeiro (UFRJ)
Neuza Maria de Fátima Guareschi – Universidade Federal do Rio Grande do Sul (UFRGS)
Leoncio Camino – Universidade Federal da Paraíba (UFPB)

Dados Internacionais de Catalogação na Publicação (CIP)
(Câmara Brasileira do Livro, SP, Brasil)

Molon, Susana Inês
  Subjetividade e constituição do sujeito em Vygotsky / Susana Inês Molon.
5. ed. – Petrópolis, RJ : Vozes, 2015.
  Bibliografia.

  6ª reimpressão, 2022.

  ISBN 978-85-326-2909-8
  1. Subjetividade 2. Sujeito (Filosofia) 3. Vygotsky, Lev Semenovich,
1896-1934 – Crítica e interpretação I. Título.

03-3921   CDD-155.2

Índices para catálogo sistemáticc:
1. Subjetividade e sujeito : Psicologia   155.2

Susana Inês Molon

SUBJETIVIDADE E CONSTITUIÇÃO DO SUJEITO EM VYGOTSKY

Petrópolis

© 2003, Editora Vozes Ltda.
Rua Frei Luís, 100
25689-900 Petrópolis, RJ
www.vozes.com.br
Brasil

Todos os direitos reservados. Nenhuma parte desta obra poderá ser reproduzida ou transmitida por qualquer forma e/ou quaisquer meios (eletrônico ou mecânico, incluindo fotocópia e gravação) ou arquivada em qualquer sistema ou banco de dados sem permissão escrita da editora.

CONSELHO EDITORIAL

Diretor
Gilberto Gonçalves Garcia

Editores
Aline dos Santos Carneiro
Edrian Josué Pasini
Marilac Loraine Oleniki
Welder Lancieri Marchini

Conselheiros
Francisco Morás
Ludovico Garmus
Teobaldo Heidemann
Volney J. Berkenbrock

Secretário executivo
Leonardo A.R.T. dos Santos

Editoração e org. literária: Maria da Conceição B. de Sousa
Capa: Studio Graph-it

ISBN 978-85-326-2909-8

Este livro foi composto e impresso pela Editora Vozes Ltda.

Para Olga e Orlando, meus pais, por potencializarem a energia da vida.

Para Têre, minha irmã, pela espontaneidade dos nossos bons encontros.

Para meu companheiro Rogério, pela felicidade de compartilhar desejos e realizações.

O que empresta ao meu olhar esse vigor,
Que todos os senões lhe parecem pequenos
E as noites se transformam em sóis serenos,
Em vida a negação, em solidez o tremor?

O que, a confusa teia do tempo a transpor,
Conduz-me certeiro às fontes perenes
Do belo, do vero, de bondades e acenos,
E lá afunda, e aniquila, do meu empenho a dor?

Já sei. Desde que, no olho de Urânia, acesa
Em quietude, pude eu mesmo interiormente
A clara, fina, pura flama azul observar.

Desde então, tal visão me habita em profundeza
E é no meu ser – eterna, unicamente;
Vive no meu viver, olha no meu olhar.

Johann Gottlied Fochte

SUMÁRIO

Prefácio – Vygotsky: um teórico desbravador de fronteiras ontológicas e epistemológicas, 9

Introdução, 15

1. A introdução de Vygotsky na psicologia, 21

2. Da crise metodológica da psicologia à criação de uma psicologia social, 39

3. As concepções sobre a constituição do sujeito nas diferentes leituras da teoria de Vygotsky, 47

4. A subjetividade e o sujeito na construção do conceito de consciência e na definição da relação constitutiva eu-outro, 81

Considerações finais – Subjetividade, sujeito e psicologia, 117

Apêndice – Metodologia de pesquisa, 123

Referências, 139

PREFÁCIO
Vygotsky: um teórico desbravador de fronteiras ontológicas e epistemológicas

Nos últimos anos vem crescendo vertiginosamente a publicação de livros sobre Vygotsky e de traduções de sua obra, em língua inglesa, espanhola e portuguesa, revelando crescente interesse pelas ideias desse grande pensador russo, até então desconsiderado pela psicologia e jamais citado como parte de sua história. Uma das raras exceções é o livro de Munné (1982), cujo título é revelador do lugar que lhe foi destinado: *As psicologias sociais marginalizadas*.

Duas perguntas cabem aqui: por que o interesse atual por Vygotsky e por que mais um livro em meio à recente avalanche de publicações?

Em relação à primeira, minha avaliação é que as teses vygotskyanas vêm de encontro ao anseio atual das ciências humanas de superar as concepções cindidoras do homem (mente e corpo, objetividade e subjetividade) e hifenizadoras da sua relação com a sociedade, predominantes no seu corpo teórico-metodológico.

Suas reflexões sobre as funções psicológicas inserem, definitivamente, a sociedade no homem, o biológico no psicológico e vice-versa, rompendo com concepções biologicistas, solipsistas ou deterministas de desenvolvimento humano, de processos de aprendizagem e de desenvolvimento da consciência. Ele postula que esses processos dependem tanto do indivíduo e das relações que ele estabelece, como de seu meio físico e social, oferecendo às ciências humanas e biológicas a possibilidade de trabalharem a individualidade e a historicidade como uma mesma substância, sem antagonismos, hierarquizações e causalidade. Dessa forma, serve de referência a práticas educativas e terapêuticas capazes de romper com etapismos, com padrões de normalidade generalizáveis e com ações restritas ao indivíduo ou ao social, porém sem cair no relativismo e contingencialismo.

Com relação ao porquê de mais um livro sobre Vygotsky, considero que o presente constitui uma referência, entre tantas leituras de sua obra, por dois motivos. De um lado, por ser instigante na interpelação que faz aos modos correntes de análise da mesma. O livro defende uma tese polêmica, a de encontrar na obra de Vygotsky uma contribuição importante ao debate psicológico sobre sujeito e subjetividade, contrariando a concepção corrente de que ele recusou essas duas ideias ou explicou-as, apenas, pela exterioridade.

Susana ousou buscar referências analíticas do sujeito e da subjetividade em um autor considerado o *pai* de uma escola que submeteu esses fenômenos às determinações sócio-históricas e linguísticas. Aí está a subversão pretendida pela autora.

Para defender a tese acima, a autora faz uma leitura em profundidade, atenta aos detalhes, o que lhe permite compreender as grandes linhas de construção da obra de Vygotsky e os pontos de tensão e de imprecisão desse pensamento desafiador, tanto por sua complexidade quanto por seu inacabamento.

Essas duas características favorecem as diferentes interpretações e classificações da obra de Vygotsky em quadros teóricos distintos, como o construtivismo, o marxismo, o historicismo, o culturalismo, o interacionismo e o behaviorismo. Esses diferentes enfoques, por sua vez, referenciam concepções antagônicas sobre qual seria a categoria central do psiquismo eleita por Vygotsky: a atividade, a linguagem ou o significado? Também estimulam um intenso debate sobre a categoria de mediação, eixo analítico de sua reflexão sobre o papel da linguagem na constituição dos processos psicológicos: a mediação seria linguística ou marxista, em outras palavras, ela seria tradutora, representante de algo, ou teria o sentido de passagem do universal ao particular?

Outra grande polêmica refere-se ao sujeito: existe o sujeito ou ele é constituído pela linguagem, pela cultura ou práticas discursivas – o que ele quis dizer com a frase: "As funções mentais são relações sociais internalizadas"? – que a subjetividade é mero reflexo das determinações sociais, produto das diferentes combinações possíveis das categorias sociais a que o indivíduo pertence ou configurações intrassubjetivas das determinações mediadas pela intersubjetividade?

Vygotsky busca a psicologia para compreender a criatividade humana, a despeito de todas as forças históricas em contrário. Encontra uma psicologia negadora dessa dimensão, pois centrada no debate entre o introspeccionismo, o idealismo e o objetivismo (mecanicista e reducionista). Inconformado e acreditando no potencial dessa área do conhecimento, elege como objetivo criar uma ciência do fenômeno psicológico mais ampla do que as polaridades dominantes na época; uma restrita à análise dos fenômenos externos e outra à negação dos mesmos. Um sistema explicativo do psicológico que parte do social para o sujeito, sem tirar desse último o caráter de ativo e constituinte, que analisa o psicológico como um fenômeno particular que só é compreensível quando analisado na sua condição social, mas sem se reduzir a ela. Na sua teoria, as determinações sociais não são forças misteriosas e mágicas que têm vida própria, mas se concretizam nas relações e significações.

Ele procura uma unidade de análise do comportamento humano capaz de incluir todas as manifestações psicológicas, das mais elementares às mais complementares. Essa unidade é o significado, o qual desempenha papel importante na interligação das diferentes funções psicológicas e dessas com o corpo e a sociedade. O significado é o princípio organizador de desenvolvimento da consciência e é inseparável da palavra (embora não idêntica a ela). Como componente da linguagem, concreta em si as riquezas do desenvolvimento social de seu criador – o povo – e, como palavra, vive na comunicação.

Sua obra é atualíssima, apesar de escrita nos anos 1930, pois postula e é construída na interdisciplinaridade. No sistema psicológico que Vygotsky esboçou intercruzam-se de modo inextricável a literatura, a estética e pensadores de diferentes perspectivas epistemológicas. Ele encontrou no diálogo interdisciplinar com a filosofia, a linguística, a biologia e a literatura, além das diferentes teorias psicológicas, o horizonte para superar a cisão homem-sociedade, mente e corpo, consciência e afeto.

A maior parte dessas leituras lhe eram familiares. Não se pode esquecer que ele era um crítico de arte quando procurou a psicologia.

Um pensador com predileções de leitura das mais variadas – desde as obras de Espinosa, Marx, Lewin, Pavlov, Koehler, do cineasta

Eisenstein, do filólogo e linguista Alexander Potiebniá, até Shakespeare, Dostoievski, Tolstoi entre outros –, e motivado pelo desejo de compreender o homem criativo sob as determinações sociais, não poderia ter negado a ideia de sujeito e de subjetividade. Com essa premissa, Susana empreende uma leitura cerrada dos textos de Vygotsky em busca do motivo, isto é, do de sua obra. Entrevista especialistas brasileiros na área e lê todos os seus comentadores.

O procedimento de análise dos textos foi inspirado no próprio autor, que afirma que só conhece os significados de um discurso ao compreender o seu subtexto, isto é, sua base afetivo-volitiva. Para Vygotsky, a palavra é uma nuvem da qual jorram milhões de significados, os quais são convertidos em sentidos pessoais, segundo as necessidades e emoções que motivaram seu uso. Portanto, o sentido de uma palavra é a soma de todos os eventos psicológicos que a palavra desperta em nossa consciência. Os processos psicológicos, as relações exteriores e o organismo conectam-se através de significados, configurando motivos que são estados portadores de um valor emocional estável, desencadeadores da ação e do pensamento.

Susana escolheu duas palavras centrais da teoria vygotskyana para empreender esta análise: *mediação* do *significado*, porque as duas juntas marcam a diferença entre Vygotsky e a psicologia marxista russa, que enfatizava a mediação da atividade. Sua contribuição mais importante à psicologia de linha marxista situa-se no deslocamento da ênfase no trabalho e na atividade para o campo do significado, no deslindamento dos processos de configuração da subjetividade.

Ele afirma que a emoção e o sentimento não são entidades absolutas ou lógicas do nosso psiquismo, mas significados radicados no viver cotidiano, isto é, modos de sentir e significar a experiência vivida que afetam nosso sistema psicológico que são expressos e mediados por modos socialmente construídos de manifestação e significação das emoções.

Com uma investigação rigorosa, mas apaixonada, na defesa de uma tese polêmica e instigante, este livro traz ao debate sobre Vygotsky e, por meio dele, ao debate sobre sujeito e subjetividade, uma importante contribuição. Suas fontes bibliográficas e a análise crítica oferecem informações indispensáveis à compreensão da teoria vygotskyana. Por ter sido uma dissertação de mestrado, é didático e transparente, revelando ao leitor o caminho percorrido nas entranhas dessa teoria, iluminado pelas argutas reflexões de Susana. Lê-lo é uma aventura reflexiva estimulante, que nos convida também a ousar. Apresento, aqui, uma das ousadias que o livro suscitou: o subtexto da teoria de Vygotsky é a ideia de que o fenômeno psicológico é "ético-político". Uma ideia fundamental neste momento em que a sociedade e seus pensadores voltam-se aos indivíduos, suas paixões, intimidade e identidade, desinteressando-se das questões sociais e políticas.

A análise realizada por Susana revela ser possível usufruir a perspectiva libertária e crítica embutida na ideia de sujeito, sem cair no perigo de hipostasiá-lo, prendendo, na própria particularidade, as pessoas, como se elas não percebessem as mesmas coisas, ou nada além de si mesmas. Por intermédio de Vygotsky, a pesquisadora demonstra que é possível pensar o sujeito da ação e da significação sem negar a determinação sócio-histórica ou enaltecer a mônada fechada que compreende o mundo como um grande olho. Na obra de Vygotsky, o sujeito não perde o estatuto ontológico e gnosiológico. Ele deixa de ser hifenizado ou cindido, como sujeito a-histórico, abstrato, epistemológico ou histórico, mera confluência das determinações sociais, e torna-se um sujeito criativo, que continua buscando a ética e a estética da existência sob e apesar das determinações sociais.

Bader Burihan Sawaia

INTRODUÇÃO

O resgate da teoria vygotskyana vem sendo realizado nas diversas áreas do conhecimento. Inúmeras reflexões são feitas, tanto em publicações quanto em eventos científicos. O crescente interesse pelo autor, criador do enfoque sócio-histórico, advém, principalmente, da sua proposta de historicidade do homem e dos processos psicológicos.

Atualmente, muitos pesquisadores estão revendo sua obra, construindo novos questionamentos e fazendo outras sínteses na busca de sistematizações de conceitos a partir de seus princípios e categorias fundamentais. Devido ao caráter inacabado de sua obra – em razão de sua morte prematura –, à riqueza e à complexidade das temáticas e à escassez de publicações, sua teoria possibilita diferentes apropriações e diversas polêmicas estão emergindo. Dentre as temáticas emergentes estão a subjetividade e a constituição do sujeito.

A palavra subjetividade é imediatamente associada à psicologia, tanto no senso comum quanto nas produções científicas, aparecendo nos mais diversos contextos e apresentando vários significados[1].

As temáticas do sujeito e da subjetividade surgiram com a ciência moderna e suas emergências estiveram vinculadas às condições que propiciaram o desenvolvimento das ciências sociais e humanas, da psicologia, em especial.

Figueiredo (1991a) apresenta as precondições socioculturais essenciais para o aparecimento da psicologia como ciência independente no século XIX. A primeira diz respeito à experiência da subjetividade privatizada, ou seja, às experiências do indivíduo que são sentidas e vividas como íntimas, pessoais e únicas, sendo, portanto, totalmente originais e quase incomunicáveis. Esta expe-

---

[1]. Para uma análise mais aprofundada dessa questão, cf. Figueiredo (1992).

riência de ser sujeito capaz de decisão, autonomia, iniciativa, emoções e sentimentos privados se desenvolve e se difunde em situações de crise social, em uma sociedade em crise. A experiência da subjetividade privatizada está garantida pelo surgimento das questões: quem sou eu? o que desejo? como sinto? o que considero adequado, justo e ético?

A segunda precondição sociocultural para o aparecimento da psicologia como ciência está relacionada com a crise da subjetividade privatizada, isto é, a decepção necessária (a insegurança sobre a singularidade e a liberdade do indivíduo) gerada pela desconfiança nas promessas liberais e românticas. A constatação do caráter ilusório da experiência da subjetividade privatizada levou à necessidade de controle e da previsão do comportamento individual. Consequentemente, exigiu o surgimento de uma ciência especializada na previsibilidade e no controle científico do comportamento humano. Esta tarefa coube, prioritariamente, à psicologia.

A conquista da legitimidade da ciência moderna subordinou a subjetividade à disciplina, ao controle, à adaptação, à instrumentalidade e à utilidade. De acordo com Figueiredo (1991b), esta tradição utilitária apresenta sinalizações desde a Idade Média até nossos dias.

A constituição da ciência moderna ocorreu no apogeu do modelo clássico, que se fundamenta na metáfora da máquina perfeita, isto é, na estabilidade, na ordem e no equilíbrio; e, consequentemente, na "teoria do um". Para Sawaia (1995: 47) a metáfora do mundo como máquina perfeita

> tornou-se o pressuposto epistemológico fundamental da ciência moderna e da metodologia científica, servindo de base à instauração do debate sobre livre-arbítrio entre homem/passivo/ativo, ordem/conflito, uno/múltiplo.

Desta forma, os objetos de estudo das ciências só poderiam ser os aspectos da realidade que eram reconhecidos como objetivos pela razão, que permaneciam e se reproduziam regularmente e, portanto, poderiam ser observados, comparados e mensurados. Com isso, o rigor metodológico proporcionaria à razão os instrumentos adequados para esse fim.

A psicologia, fortemente influenciada pela epistemologia dominante na época – pensamento naturalista e positivista –, ao afastar-se da filosofia, correu o risco de perder seu objeto específico, pois, ao restringir sua análise ao observável e ao mensurável, excluiu de seu campo de investigação a subjetividade.

Neste sentido, a subjetividade conforma-se enquanto interioridade não dizível e não acessível, e o sujeito, somente enquanto exterioridade observável, comportamento.

O debate sobre a questão da subjetividade e do sujeito denuncia a necessidade de exclusão das interferências afetivas, subjetivas, místicas e psicológicas, para evitar os obstáculos ao saber exato, assim como problematiza a consolidação da psicologia pela delimitação dos procedimentos metodológicos, padrões de verificabilidade e refutabilidade, e formas reconhecidas e valoradas da produção de conhecimento.

A psicologia constituiu-se determinada por este debate epistemológico, metodológico e ontológico, dividindo-se em dois campos no final do século XIX: a psicologia naturalista científica ou psicologia fisiologista, que visava estudar com precisão o comportamento observável para estabelecer as relações de causalidade dos fenômenos psicológicos e definir-lhes as leis objetivas, perspectiva em que a subjetividade era desconsiderada; e a psicologia descritiva ou subjetiva, que estudava as formas superiores do campo consciente do homem, considerando os atos e as vivências de um sujeito como dotados de valor e de significado, mas como manifestação do espírito.

O conhecimento psicológico passa a ser construído ao longo do século XX com a marca das reduções metodológicas e, consequentemente, das reduções conceituais. A psicologia, ao operar essa subjugação, reduziu o sujeito cognoscente ao sujeito empírico, a consciência à cognição, a subjetividade à objetividade, o humano ao observável. Esse processo de redução levou à exclusão do objeto inicialmente atribuído a ela, a saber, a experiência da subjetividade.

Desta maneira, o projeto de consolidação da psicologia como ciência independente incorpora a dicotomia entre objetividade e subjetividade presente nos cânones científicos, os quais, por sua vez, refletiam e legitimavam a hegemônica dicotomia entre objetividade e subjetividade, que configurou durante séculos a construção do conhecimento e a busca da verdade, tanto na dimensão religiosa quanto na dimensão metafísica e filosófica, assim como no conhecimento das ciências físicas e biológicas.

O conhecimento psicológico constituiu-se marcado por dicotomias: objetividade e subjetividade, corpo e mente, natural e cultural, objeto e sujeito, razão e emoção, indivíduo e sociedade, exclusão e inclusão. Com isso, o sujeito da psicologia oscila entre uma objetividade observável e uma subjetividade inefável.

Neste cenário, as temáticas da subjetividade e do sujeito eram consideradas excluídas da área da psicologia social crítica e da teoria de autores fundamentados no materialismo histórico e dialético. Assistia-se à impossibilidade da inclusão de uma perspectiva diferenciada para o entendimento dessas questões.

No entanto, é preciso resgatar na história não tradicional da psicologia, tentativas de superação das reduções metodológicas e conceituais realizadas no campo psicológico, e tentativas de rompimento das dicotomias efetuadas no campo científico.

A obra de Vygotsky revoluciona a compreensão sobre as temáticas do sujeito e da subjetividade, assim como explicita as ambiguidades na consolidação da psicologia como ciência.

Vygotsky penetrou na psicologia motivado pela necessidade de entender a constituição do sujeito inserido em uma determinada cultura. Sensibilizado com os problemas sociais, políticos e educacionais, volta-se para questões psicológicas, pedagógicas, estéticas e semiológicas, filosoficamente orientado e com acentuado desejo poético e literário.

Ele olhou para a ciência psicológica de maneira diferente, acreditou que o eixo teórico-metodológico da psicologia, necessariamente, passaria pelo reconhecimento e valoração do sujeito. Criticou tanto as psicologias subjetivistas idealistas quanto as psicologias objetivistas mecanicistas, defendendo a unidade entre a psique e o comportamento, unidade mas não identidade, e a correlação entre fenômeno subjetivo e fenômeno objetivo.

Vygotsky não mencionou as palavras subjetividade e sujeito (utilizou o termo sujeito ao referir-se ao sujeito de investigação), mas apresentou um cenário propício para a reflexão sobre tais noções fora dos limites do subjetivismo abstrato e do objetivismo reducionista.

Vygotsky estava indicando a construção de uma psicologia social que possibilitasse a compreensão da constituição do sujeito e da subjetividade na processualidade, capaz de superar a concepção de sujeito e indivíduo da psicologia tradicional, em direção a um sujeito social, aos sistemas psicológicos que ocorrem no processo de individuação do homem inserido social e historicamente em uma cultura.

Sua obra apresenta uma contribuição essencial à compreensão da constituição do sujeito e da subjetividade por uma nova possibilidade de entendimento do fenômeno psicológico.

Vygotsky introduziu, na análise psicológica, a dimensão semiótica, em que a linguagem e os signos constituem os fenômenos psicológicos. Neste sentido, contribuiu significativamente para o debate central na psicologia sobre a relação com o outro e o papel do outro na constituição da subjetividade.

As reflexões de Vygotsky permitem o aprofundamento das discussões sobre o sujeito e a subjetividade a partir da linguagem, sendo do extremamente pertinentes às questões atuais da psicologia.

1. A INTRODUÇÃO DE VYGOTSKY NA PSICOLOGIA

> Todo inventor, por mais genial que seja, é sempre produto de sua época e de seu ambiente. Sua obra criadora partirá dos níveis alcançados anteriormente e também se apoiará nas possibilidades que existem fora de si[1] (VYGOTSKY, 1990: 37).

Vygotsky emergiu na psicologia em um momento extremamente significativo, dadas a consolidação da Revolução Russa e a inauguração de uma nova sociedade, que tendencialmente procuravam a compreensão de um novo homem, exigindo, assim, novas bases de sustentação teórica e metodológica e novas implicações no campo dos problemas práticos. A primeira questão que a revolução russa colocou à ciência psicológica foi a análise dos problemas de aplicação prática.

Vygotsky apresentava as condições necessárias para pensar uma nova concepção de educação, pedologia[2] e psicologia. Era um advogado com formação eminentemente humanística e sensivelmente motivado pelos problemas sociais e culturais, sendo, além disso, um homem interessado em Filosofia da Literatura e da Arte, e crítico de arte especialista em literatura; desta forma, podemos "dizer que ele chegou à psicologia através da crítica e da estética, interessado, principalmente, pelos produtos superiores da cultura" (RIVIÈRE, 1988: 20).

---

1. As citações das obras de Vygotsky (1970; 1979; 1987; 1989; 1990; 1991), Berdichevsky (1988), Blanck (1984), Carpintero (1987), Domínguez (1994), Galperin (1979), Golder (1986), Kozulin (1994), Moll (1993), Munné (1982), Páez e Adrián (1993), Puziréi (1989), Rivière (1988), Shuare (1987, 1990), Siguán (1987), Van der Veer (1987) e Wertsch (1988; 1990) foram traduzidas do idioma espanhol para o português por Rogério Dias de Arruda.

2. Pedologia quer dizer ciência da criança; considera os aspectos biológicos, antropológicos e psicológicos.

Os interesses psicológicos de Vygotsky originaram-se da preocupação com a gênese da cultura. O entendimento do homem como construtor de cultura levou-o a contrapor-se à psicologia clássica, que não respondia adequadamente sobre os processos de individuação do sujeito e nem resolvia as problemáticas relacionadas à criação artística e percepção estética.

Van der Veer e Valniser (1991; 1996) evidenciam o interesse de Vygotsky em Literatura e Arte, que é apontado como requisito para a sua entrada na psicologia.

Leontiev, no prólogo de *Psicologia da arte* (VYGOTSKY, 1925; 1965; 1970; 1998)[3], salienta que Vygotsky atribuía um valor fundamental à psicologia na compreensão dos mecanismos psicológicos de criação artística e das funções específicas da arte.

Rivière (1988) enfatiza que as investigações psicológicas de Vygotsky representavam uma preocupação com a origem do homem e da cultura e revelavam seu interesse pelos mecanismos psicológicos da criação artística, literária e das questões semiológicas pertinentes aos símbolos, signos e imagens poéticas, considerando que esses interesses semiológicos estavam estreitamente vinculados a uma profunda orientação filosófica:

> A Lev Semionovitch interessavam os problemas relacionados com os mecanismos psicológicos da criação literária e as questões semiológicas relacionadas com a estrutura e funções dos símbolos, signos e imagens poéticas. A preocupação por estes problemas não foi o resultado de suas pesquisas psicológicas, mas sim a origem delas. Por outro lado, os interesses semiológicos de Vygotsky estiveram sempre marcados por uma orientação filosófica mais ampla, pela intuição – que logo desenvolveria – de que aprofundar na origem dos signos era também penetrar na própria origem do homem e da cultura (RIVIÈRE, 1988: 15).

Vygotsky, portanto, chegou à psicologia como um crítico de arte literária, interessado em questões da criação estética e semiológicas, trazendo uma bagagem filosófica invejável. Mergulhou

---

3. A referência das obras de Vygotsky será estabelecida da seguinte maneira: a primeira data corresponde ao ano em que o autor escreveu o texto; nos casos em que a data de publicação não coincide com a da escrita será colocado também o ano de publicação e, finalmente, as datas das publicações da obra acessível para esse estudo.

em um processo revolucionário no engajamento da construção de uma nova sociedade e de uma nova ciência psicológica. Porém, as suas problemáticas centrais diferenciavam-se significativamente das investigações psicológicas clássicas. Vygotsky elaborou sua teoria da gênese e natureza social dos processos psicológicos superiores preocupando-se com os processos de individuação do homem inserido na cultura.

Para Kozulin (1994: 14), a psicologia não era nem apenas ocupação nem somente curiosidade intelectual para Vygotsky, mas era um meio de ele refletir sobre as questões eternas da existência humana. Kozulin comenta que os escritos de Vygotsky desvelam um pensador livre e humanista, que representava o drama de suas ideias no cenário da psicologia.

1. As tendências da psicologia e da psicologia social russa

Sinalizam-se, a seguir, algumas tendências da psicologia e da psicologia social russa, para melhor compreender o impacto causado por Vygotsky na ciência psicológica. Sua entrada oficial na psicologia acontece, justamente, no evento considerado o fórum mais importante da área naquele período. No II Congresso Nacional de Psiconeurologia, em Leningrado, Rússia, no dia 6 de janeiro de 1924, Vygotsky apresentou uma comunicação intitulada *Os métodos de investigação reflexológicos e psicológicos* (1924; 1926; 1996b).

1.1. Psicologia russa

A psicologia russa não chegou a constituir escolas psicológicas. Sua condição não se diferenciava da psicologia ocidental no final do século XIX e início do século XX; ou seja, vivia o debate entre a psicologia introspeccionista, a tendência idealista e a psicologia objetivista, basicamente mecanicista e reducionista:

> Pode-se dizer que no início do nosso século, na Rússia, se desenvolvia com força crescente a psicologia experimental, singularmente no terreno psicopedagógico, e de outro lado, uns grupos de fisiólogos se aproximavam do estudo dos mesmos problemas

com métodos objetivos e uma perspectiva geral reducionista (CARPINTERO, 1987: 26).

Com relação à implantação de uma psicologia materialista no século XIX, destaca-se a figura de Sechenov (1829-1905) que pesquisava as funções psicológicas a partir dos reflexos.

Sechenov lançou as bases fisiológicas para a compreensão da atividade nervosa superior, tornando-se conhecido por sua obra *Os reflexos do cérebro* (1866). Buscou a superação da dominação idealista, que entendia o psíquico como entidade abstrata e não acessível à análise objetiva. Sua relevância pode ser observada pelas investigações experimentais da psicologia russa e pela influência exercida sobre Pavlov e Bekhterev, importantes psicólogos russos, fundadores da reflexologia.

Paralelamente, há as concepções idealistas e espiritualistas, com grande peso na psicologia russa. O mais reconhecido investigador foi G.I. Chelpanov (1862-1936), um dos fundadores da Sociedade de Psicologia de Moscou e o representante da Psicologia Introspectiva Experimental. Para ele, o método da psicologia era a introspecção, e, desta forma, a metafísica idealista era compatível com a investigação experimental.

No congresso de psicologia de 1909, suas teses conquistam espaços, e, em 1912, funda o Instituto de Psicologia de Moscou, um centro de referência importante da psicologia russa e um dos palcos em que Vygotsky triunfou.

A psicologia na Rússia estava se consolidando, ao mesmo tempo em que tentava se reconstituir, pela mudança dos seus pressupostos epistemológicos, pois estava inexoravelmente vinculada ao momento sócio-histórico e político da revolução socialista, que engendrou mudanças significativas em diversas áreas, como poesia, arte, cinema, teatro, linguística, pintura... A psicologia não ficou à margem deste movimento revolucionário, que propiciou a aceleração do desenvolvimento que vinha acontecendo, oferecendo condições materiais por meio da criação de vários institutos e instituições, como também influenciou na definição dos paradigmas científicos.

Depois da Revolução de Outubro (1917), a ciência oficial soviética aderiu ao marxismo e fortaleceu os ataques às concepções introspeccionistas e idealistas, inspirados pela necessidade ideológica e política de um novo projeto de sociedade, além da tradição russa de combate à psicologia idealista.

A ciência psicológica da jovem Rússia soviética deu seus primeiros passos na investigação de questões práticas que a construção de uma vida nova colocava diante dela. As possibilidades que se abriram ante a psicologia já neste período, no plano da utilização de suas conquistas com a finalidade de resolver tarefas práticas, testemunhavam para a necessidade de seu amplo desenvolvimento futuro (SMIRNOV apud SHUARE, 1990: 25).

A necessidade de resolver as tarefas práticas tornaram-se um imperativo e as ciências procuraram dar respostas aos principais problemas da população.

Um dos grandes desafios que enfrentava o novo Estado era o da Educação. As taxas de analfabetismo eram significativas e toda a população foi convocada para a luta contra o analfabetismo.

De 1917 a 1923, fase de consolidação da Revolução Russa, não ocorreram eventos significativos para o desenvolvimento da psicologia. O I Congresso de Psiconeurologia, em 1923, foi cenário propício para o debate entre idealistas e materialistas, das diversas vertentes. Dentro disso, destacaram-se algumas iniciativas.

Bekhterev (1857-1927) aprofundava os estudos sobre reflexologia, mas ainda com a visão reducionista e mecanicista das funções psicológicas. Interessou-se pela psicologia coletiva, como pode ser observado na sua obra *Reflexologia coletiva* (1921). Entretanto, os princípios da reflexologia poderiam ser usados para explicar tanto a sociedade quanto a natureza. Bekhterev não se desvinculou da psicologia subjetivista e idealista e nem tampouco se aproximou da psicologia marxista.

Kornilov (1879-1957), discípulo e substituto de Chelpanov, na direção do Instituto de Psicologia, propôs uma nova forma de fazer psicologia que seria a reactologia, isto é, estudar as reações humanas em seu ambiente biossocial, de maneira objetiva. Sua presença no congresso de 1923 provocou polêmicas que vazaram os muros deste evento e se prolongaram por bastante tempo, culminando em sua posse na direção do Instituto de Psicologia de Moscou e na composição de uma nova equipe, que se caracterizava pela juventude dos seus membros, clareza das limitações da reactologia e a busca do aprofundamento das questões psicológicas na relação com os pressupostos epistemológicos do materialismo histórico e dialético, visando a construção de uma psicologia de orientação marxista.

No entanto, Kornilov foi incapaz de desenvolver uma psicologia dialética, apresentando uma concepção energetista da consciência (energia física ou metafísica) bastante diferente da concepção semiótica da consciência desenvolvida, posteriormente, por Vygotsky.

Esta psicologia de orientação marxista que se chamava reactologia, mesmo fazendo críticas às psicologias subjetivistas, especialmente à psicologia idealista de Chelpanov e às psicologias objetivistas de Pavlov e Bekhterev, os quais eram identificados como mecanicistas e reducionistas, acabou sendo uma síntese formal e superficial, assim como as demais tentativas de investigação psicológica na Rússia.

A postura de Kornilov representa o posicionamento da investigação psicológica russa, que se caracterizava por praticar uma psicologia experimental de base fisiológica e revesti-la de uma fachada marxista, isto é, adorná-la com uma terminologia marxista.

A atitude de Kornilov pode representar bem a adotada com maior ou menor entusiasmo pela maioria dos que, em Moscou ou em Leningrado, se dedicavam à pesquisa psicológica: praticar uma psicologia experimental de base fisiológica, a exemplo de Pavlov ou de Bekhterev, e revesti-la de uma fachada marxista que, frequentemente, resultava em mera terminologia (SIGUÁN, 1987: 10-11).

As principais tendências da psicologia russa no início do século XX foram: reflexologia (Pavlov e Bekhterev), reactologia (Kornilov), paidologia (psicologia do desenvolvimento), psicotécnica (psicologia industrial), pedologia (Blonski) e o enfoque sócio-histórico.

1.2. Psicologia social russa

No período entre o final do século XIX e início do século XX, já existia uma psicologia social russa orientada pela sociologia e pela filosofia social, chamada também de psicologia coletiva.

Munné (1982) faz uma avaliação positiva desta psicologia social dos anos 1920 na Rússia, embora fosse uma psicologia social centrada na psicologia coletiva de inspiração durkheimiana. Naquele momento, na Rússia, consolidava-se o enfoque do materialismo histórico e agravava-se o combate aos enfoques idealista e mecanicista.

De acordo com Munné (1982), a tentativa de esclarecer e diferenciar psicologia e psicologia social foi realizada por Sapir (1929), que defendia a tese de que a psique do indivíduo é sempre uma psique socializada. Isso, no entanto, não significava dizer que a psicologia seja psicologia social, pois ambas tratam de fenômenos de classes diferentes, ou seja, a psicologia social lida com os fenômenos decorrentes do fator psicológico na história, que são influenciados ideológica e historicamente em uma comunidade.

A psicologia social trata dos fenômenos derivados do fator psicológico na história, fenômenos que são regidos por leis diferentes às da psicologia, já que neles intervêm a estrutura da ação ideológica da comunidade, a evolução histórica da mesma e a influência entre ambos (MUNNÉ, 1982: 30).

No entanto, apesar destas expectativas em torno da psicologia social na década de 1920, os anos 1930 marcam intensos ataques a ela, obrigando-a a voltar-se ao referencial dominante da psicologia russa, referido acima, e a romper com a filosofia social e com a sociologia, que foi uma disciplina proibida a partir de 1922 nas universidades da então União Soviética.

Essas pressões à psicologia social russa culminaram na sua proibição durante três décadas. Foi ela gerada por vários fatores, entre os quais o fator político e ideológico no período stalinista. A postura dogmática de Stalin não permitia o desenvolvimento do conhecimento social, pois considerava a existência da psicologia social como contrária aos princípios do materialismo histórico, uma vez que toda psique é social e a ciência psicológica não é individual, mas social.

Assim, a psicologia social russa foi fortemente criticada e excluída do campo científico durante o período stalinista, ficando quase inexistente. Além dos obstáculos já sinalizados, a psicologia social russa era identificada como uma ciência burguesa do mundo ocidental. Tal crítica também foi feita a Vygotsky.

Munné (1982) reconhece a teoria vygotskyana como uma psicologia social em potência:

> A primeira é a da psicologia como ciência, em parte social, postura que, iniciada por Vygotsky, tem em Luria seu máximo expoente. Reflete a tendência mais social dentro do campo psicológico. Contudo, apesar de fazer contribuições de grande interesse para a psicologia social, não passa de ser unicamente uma psicologia social em potência (MUNNÉ, 1982: 35).

A teoria sócio-histórica elaborada por Vygotsky se aproxima tendencialmente da psicologia social e se afasta de modo considerável da psicologia russa, uma vez que o conhecimento filosófico de Vygotsky lhe permitiu realizar uma psicologia fundamentada no marxismo, não reducionista e não mecanicista.

> Como o conhecimento que os psicólogos tinham do marxismo era aparentemente superficial, orientavam-se mais a justificar seus pontos de vista, relacionando-os através de citações, com as obras marxistas. Talvez a única exceção era Vygotsky, que estava, sim, construindo uma psicologia coerentemente marxista (DOMÍNGUEZ, 1994: 14).

Este era o cenário, de forma resumida, que predominava na psicologia e na psicologia social russa em 1924, quando um jovem de 28 anos de idade e com formação humanística e filosófica, completamente desconhecido nos palcos da discussão psicológica científica, fez sua primeira comunicação. Mas, quem era esse sujeito anônimo que se mostrou tão promissor?

2. A curta biografia de Vygotsky

2.1. A família

A data de nascimento de Lev Semionovitch Vygotsky aparece de duas maneiras: alguns textos datam 5 de novembro de 1896 e outros 17 de novembro de 1896[4]. Nasceu na cidade de Orsha, rela-

---

[4]. Essa diferenciação de datas ocorre em razão de uma mudança de calendário na ex-União Soviética em 1918. De acordo com o calendário antigo, a data de seu nascimento seria 05/11/1896 e, conforme o atual, 17/11/1896.

tivamente próxima a Minsk, capital de Bielarus, indo logo em seguida para Gomel, cidade em que viveu sua infância, adolescência e os primeiros anos de sua atividade profissional.

Embora sua cidade fosse um pequeno reduto judaico, imposto pela Rússia czarista, sua família vivia uma situação privilegiada financeira, social e intelectualmente. Seu pai terminou os estudos no Instituto Comercial na cidade de Kharkov na Ucrânia; era chefe de departamento do banco central de Gomel e representante de uma companhia de seguros; era um homem inteligente, irônico e sério, e sua preocupação com a cultura o levou a influenciar a abertura da biblioteca pública de Gomel. Sua mãe, uma pessoa extremamente culta, falava vários idiomas e era apaixonada por poesia, porém, dedicou-se ao lar e à criação dos filhos.

Wertsch (1988) e Rivière (1988) salientam que, por intermédio de sua mãe, Vygotsky aprendeu o alemão e o amor pela poesia, em especial pelo poeta Heine. Além do alemão, era conhecedor de latim e grego, fazia leituras também em hebraico, francês e inglês.

Seus pais tiveram oito filhos: ele era o segundo. Muitas pessoas se referiam à família como sendo uma das mais cultas da cidade. Devido a isso, Vygotsky teve a oportunidade, desde muito cedo, de viver em um ambiente equilibrado e motivador do ponto de vista cultural e intelectual e de ter uma relação bastante satisfatória com a família.

Nesta família, a educação informal era extremamente valorizada. Seu pai possuía uma biblioteca em casa, que colocava à disposição de todos para leituras individuais e para promover discussões em pequenos grupos, ou seja, a sistematização dos debates intelectuais no âmbito familiar era frequente tanto na hora do chá quanto na presença de um tutor.

2.2. A formação intelectual: filosofia, história, literatura, estética, linguística, semiologia, pedagogia e psicologia

2.2.1. O tutor

A figura do tutor acompanhou e exerceu influência sobre Vygotsky durante vários anos. Seu tutor, Salomon Ashpiz, tinha como princípio pedagógico o desenvolvimento espontâneo do pensamento de seus alunos e, como exigência para tal método, só lidava com alunos bem-dotados, bem-formados, e com profunda capacidade para desenvolver seus potenciais específicos.

2.2.2. O interesse do aprendiz

Rivière (1988), apoiado em Dobkin, afirma que Vygotsky ministrava seminários sobre História dos Judeus aos seus companheiros e refletia sobre sérios problemas da Rússia czarista, como a questão das nacionalidades e das minorias étnicas. Tal atividade manifestou seu interesse pelos problemas da filosofia da história e, especialmente, pela dialética hegeliana:

> Naqueles anos em que ainda era bacharel, se configurava um estilo de pensamento que logo seria característico de todo seu trabalho científico: a perspectiva histórica e dialética dos problemas foi um dos aspectos essenciais de sua psicologia (RIVIÈRE, 1988: 14).

A partir dos 15 anos, Vygotsky passou a dirigir os seminários e debates centrados em uma discussão mais filosófica, mas seus interesses principais eram o teatro e a literatura.

A orientação de seus estudos e interesses esteve sempre dirigida à literatura, à linguística, às línguas clássicas, à crítica e à filosofia, e foi justamente essa herança que lhe permitiu enxergar criticamente a psicologia.

Além de seu tutor, Vygotsky teve um mentor intelectual, seu primo David Vygodsky[5], que era alguns anos mais velho e chegou a ser um importante linguista. Compartilhavam interesses comuns como a semiologia, os problemas linguísticos, a paixão pela poesia e pelo teatro.

2.2.3. A formação acadêmica de um judeu

Em 1913, Vygotsky graduou-se com medalha de ouro no *Gymnasium*, colégio privado judeu, de Gomel, dirigido por Ratner, que apenas frequentou durante os dois últimos anos de seu colegial.

---

5. A família é Vygodsky, mas Lev Semyonovich Vygodsky mudou seu nome para Vygotsky porque acreditava que sua família se originou de uma aldeia chamada Vygotovo.

Nem a medalha de ouro e nem o destaque pela capacidade de analisar os problemas e pensar de forma original pouparam-no do preconceito antissemita. A condição dos judeus na Rússia czarista naquela época era limitada, havendo enorme dificuldade para o acesso à universidade. O número de judeus nas universidades de Moscou e São Petersburgo correspondia a 3% (WERTSCH, 1988) e o Ministério da Educação decretou uma norma que colocava ainda mais restrições a eles, e isso ocorreu quando Vygotsky estava realizando os exames finais e pretendia ingressar na universidade. Antes desse decreto a seleção se dava pelo critério de qualidade do aluno. Com certeza Vygotsky não teria problemas, pois era considerado o melhor aluno. Naquele momento a cota de 3% seria mantida, só que seriam selecionados por lotes, pelas universidades, mudança que visava melhor distribuição dos estudantes judeus mais bem-qualificados nas melhores universidades. Apesar de tudo, Vygotsky foi aprovado e, por influência dos pais, solicitou matrícula na Faculdade de Medicina de Moscou, sendo admitido no mesmo ano. A insistência dos pais estava relacionada à possibilidade de trabalho ao judeu, pois apenas médicos e advogados poderiam exercer a vida profissional como autônomos, já que no governo czarista era negado ao judeu o direito de trabalhar. Sua permanência no curso de medicina não ultrapassou um mês, tempo necessário para perceber a ausência de interesse pela área; transferiu sua matrícula, ingressando na Faculdade de Direito.

Vygotsky cursou a Faculdade de Direito e, paralelamente, realizou estudos de filosofia e história na Universidade Popular de Shanyavski, que era uma instituição livre formada por destacados intelectuais, expulsos por razões políticas da Universidade Imperial. Esta instituição não oferecia títulos, pois não era reconhecida pelas autoridades educativas da Rússia czarista, mas Vygotsky se identificava mais com esta atmosfera, em que encontrava espaço estimulante para sua mente crítica e analítica.

2.2.4. Experiência como professor de literatura e psicologia

Em 1917, graduou-se em Direito pela Universidade de Moscou e regressou a Gomel onde permaneceu por mais sete anos, entre 1917 a 1923, como professor de Literatura e Psicologia na Escola de Magistério, trabalhando junto com seu primo e ex-tutor David

Vygotsky. Siguán (1987) observa que o fato de ensinar psicologia levou Vygotsky a se interessar pela ciência psicológica, tanto pelo aporte pedagógico quanto pelo corte teórico e ideológico.

Fundou o Laboratório de Psicologia da Escola de Magistério de Gomel, local em que ministrou as várias conferências que compuseram sua obra de 1926, intitulada *Psicologia pedagógica* (2001).

No final de 1918, Vygotsky realizou conferências de Literatura e Ciências além de cursos de Estética e História da Arte, em um conservatório.

2.2.5. A pedagogia, a estética, a literatura e a psicologia

Durante os 7 anos que permaneceu em Gomel, sua atividade profissional caracterizou-se pela diversidade e intensidade de seus trabalhos, dedicando-se a amplo conjunto de projetos que envolviam pedagogia, estética, literatura, arte e psicologia. Pode-se dizer que soube manter a tensão na articulação destas formas de pensar, sem dissociá-las mecanicamente.

Rivière (1988) assinala que, em Gomel, Vygotsky realizou seus primeiros trabalhos de pedagogia e didática; suas publicações de artigos, comentários e observações de caráter pedagógico foram constantes. Com relação à literatura e arte fundou uma revista, *Veresk*, especializada em crítica e literatura de vanguarda. Foi diretor da seção de teatro da Instituição Pública da cidade, além de participar em reuniões na *Segunda-feira literária*, sobre obras de novelistas, ensaístas e poetas novos da Rússia. Também realizou algumas publicações acessíveis de obras importantes da literatura, junto com Dobkin e David Vygodsky. Como material dessas frutíferas discussões, encontra-se a obra *Psicologia da arte*, de 1925, que começou a ser gestada em 1916, com a brilhante monografia sobre *A tragédia de Hamlet, príncipe da Dinamarca*.

Wertsch (1988) observa que, além de todas essas atividades, Vygotsky dedicava-se à leitura. Entre os poetas que lia estão Tjutchev, Blok, Mandelstam e Pushkin; os escritores, Tolstoi, Dostoievski, Bely e Bunin; os filósofos, James e, principalmente, Espinosa; o filólogo e linguista Potebnia e as obras de Freud, Marx, Engels, Hegel e Pavlov.

Todo este arcabouço teórico-prático adquirido, especialmente na literatura e na filosofia, propiciou a entrada de Vygotsky na psicologia de forma crítica, passando a dedicar-se intensamente a ela.

2.3. Características pessoais

Vygotsky possuía uma capacidade de oratória espetacular. Essa habilidade contribuiu para chamar a atenção e causar perplexidade nos ouvintes do Congresso de 1924, que estavam diante de uma pessoa até então desconhecida, mas capacitada para a discussão complexa que o tema escolhido por ele exigia:

> Quando Vygotsky se levantou para apresentar sua comunicação, não tinha um texto escrito para ler, nem mesmo notas. Todavia, falou fluentemente, parecendo nunca parar para buscar na memória a ideia seguinte. Mesmo se o conteúdo de sua exposição fosse corriqueiro, seu desempenho seria considerado notável pela persuasão de seu estilo. Mas sua comunicação não foi, de forma alguma, vulgar. Em vez de escolher um tema de interesse secundário, como poderia convir a um jovem de vinte e oito anos falando pela primeira vez em um encontro de provectos colegas de profissão, Vygotsky escolheu o difícil tema da relação entre os reflexos condicionados e o comportamento consciente do homem (LURIA, 1988: 21).

Essa capacidade admirável não era diagnosticada somente por seus futuros colegas e discípulos, mas, também, por todos aqueles que entravam em contato com ele em aulas e conferências; existia algo especial, *hipnotizador*, que atraía muita gente.

São poucas as referências ao caráter e a aspectos mais pessoais de Vygotsky. Blanck (1984) transcreve alguns comentários de Guita Lievovna e Galperin, entre os quais, de que ele era ativo, produtivo, comunicativo e disposto.

> Lev Semionovich era incrivelmente ativo, comunicativo, produtivo, atento e bem disposto a toda a gente que o rodeava. O amplo círculo de admiradores e oponentes, o círculo um pouco menor de colaboradores e a pequena quantidade de pessoas que podiam ser chamadas de amigos seus, constituíam seu âmbito psicológico imediato. Ele atraía as mais diferentes pessoas com suas conferências e informes, que se distinguiam por sua arte de orador, sua claridade, sua originalidade e capacidade de convicção (BLANCK, 1984: 40-41).

Zeigarnik, discípula, colega e continuadora de Vygotsky, em uma entrevista a Mário Golder, fala de Vygotsky como uma pessoa que possui a capacidade de escutar o outro:

> Falar dele como pessoa: possuía traços muito particulares, tinha esse dom especial e essa capacidade de saber escutar o outro; ficava quase sempre sentado, numa atitude aparentemente absorta; frequentemente calava e somente pelo brilho ou pela força de seus olhos azuis se podia penetrar em seus pensamentos. Nesse instante o interlocutor tinha clara consciência de que Vygotsky estava e participava ativamente no tema tratado. Era uma pessoa extremamente respeitosa e delicada. Sem dúvida, muito categórico e árduo defensor de seus próprios pensamentos (GOLDER, 1986: 107-108).

2.3.1. Os problemas de saúde

A partir de 1920 começou a ter problemas de saúde. A tuberculose já ameaçava sua vida e foi companhia constante durante os 14 anos seguintes, fato que o obrigava a tratamento permanente, internações frequentes e repouso. Encarava o medo de uma morte anunciada e a impossibilidade de realizar seu trabalho.

Em 1924 casou-se com Rosa Smekhova, com quem teve duas filhas. A esposa foi uma presença importante pela sua capacidade de ajudá-lo a superar os momentos difíceis em Moscou.

Durante o período de 1924 a 1934, Vygotsky apresentou um ritmo de trabalho muito intenso, produzindo quase 200 publicações e se envolvendo em inúmeros projetos de trabalho em várias cidades. Mas toda essa vitalidade não superou uma nova hemorragia provocada pela tuberculose. Em 2 de junho foi hospitalizado e em 11 de junho de 1934 morreu, aos 38 anos. Seu enterro ocorreu no cemitério de Novodevechii, em Moscou.

3. A psicologia russa reconhece as ideias de Vygotsky

Wertsch (1988) aponta duas razões para o sucesso de Vygotsky. Sua capacidade de síntese e de análise e a situação política e social da Rússia durante o processo revolucionário até a instalação do governo stalinista. A convivência em um espaço de fertilidade cultural e a busca da consolidação de uma sociedade socialista impulsionavam o compromisso para construção desta sociedade.

O impacto positivo das ideias de Vygotsky e a necessidade de reconstrução da psicologia foram suficientes para que ele recebesse o convite para trabalhar no Instituto de Psicologia de Moscou, que estava sendo reestruturado.

No outono de 1924, Vygotsky chegou ao Instituto de Psicologia Experimental, onde iria residir temporariamente no sótão. Dobkin (1982 apud RIVIÈRE, 1988) comenta que Vygotsky aproveitou o local para complementar seus estudos em filosofia e psicologia étnica, uma vez que estava rodeado por arquivos e informes referentes às duas áreas.

3.1. O encontro de Vygotsky, Luria e Leontiev

Assim que Vygotsky chegou a Moscou, dois pesquisadores conhecidos no Brasil por seus trabalhos aproximaram-se e permaneceram fiéis a ele até sua morte. São eles: Alexander Romanovich Luria (1902-1977) e Alexis N. Leontiev (1903-1979). Os três se tornaram conhecidos como *Troika*. Vygotsky ocupava o papel de líder inquestionável, imprimindo sua visão crítica da história e da psicologia.

O período em Moscou foi marcado pela alta produtividade de Vygotsky e dos demais membros da *Troika*. Eles estavam, inicialmente, debruçados sobre textos de vários idiomas, o que lhes proporcionou a análise da condição da psicologia mundial no início do século XX, ou, melhor dizendo, a revelação da situação de crise da psicologia. Este material foi exposto em debates e em diversas conferências.

3.2. A defectologia

Em 1925, Vygotsky estruturou o Laboratório de Psicologia para a Infância Anormal de Moscou que, quatro anos depois, transformou-se em Instituto Defectológico Experimental de Narkompros e, mais tarde, em Instituto Científico de Investigação de Defectologia da Academia de Ciências Pedagógicas. Neste período, realizou investigações empíricas, além de atividades administrativas, pois era diretor do Instituto. De duas coisas não abria mão: a atividade de docência e a atividade de escrever. Nem suas frequentes crises de tuberculose o impediam. Às vezes eram até um facilitador, como aconteceu em 1926 e 1927 quando escreveu "O significado histórico da crise da psicologia – Uma investigação metodológica". Mas era necessário acelerar o processo de implantação dessa nova proposta em toda a Rússia e então seguiram-se as viagens para ministrar aulas e cursos, auxiliar na organização de novos laboratórios de investigação.

Blanck (1984) relata – baseado em uma comunicação pessoal da filha mais velha de Vygotsky, Gita L. Vygodskaja – que Vygotsky participou, em 1925, do congresso internacional sobre a aprendizagem de surdos-mudos, na Inglaterra, como delegado da República Socialista Soviética Russa e, logo após, visitou a Alemanha, França e Holanda para conhecer os trabalhos realizados naqueles países.

Wertsch (1988) enumera outras atividades de Vygotsky em Moscou junto com seus colegas Levina, Slavina e Menchiskaya. Lecionou e supervisionou atividade de investigação no Departamento de Ciências Sociais da Universidade Estadual de Moscou, na Academia de Educação Comunista N.K. Krupskaya, no Instituto de Saúde Infantil e Adolescência, no Departamento de Pedagogia do Conservatório de Moscou, no Instituto Pedagógico-Industrial K. Libknekht e no Instituto Pedagógico de Leningrado A.I. Herzen. Nesta cidade mantinha contato com D.B. Elkonin e S.L. Rubinstein.

3.3. Os obstáculos enfrentados pelo enfoque sócio-histórico

Em 1931, o Instituto de Psicologia de Moscou sofreu sérias críticas à concepção reactológica de seu diretor, Kornilov, e uma reorganização do Instituto foi proposta.

> Na resolução (publicada na revista *Psicologia*, em 1931) e no projeto de reorganização, publicado em 1932, não só se criticava a reactologia, mas sim, também, a teoria da escola histórico-cultural, a qual se acusava de ter um caráter "abstrato" e "idealista"(!) (RIVIÈRE, 1988: 70).

Todo o trabalho de construção de uma psicologia dialética passou a ser entendido, por alguns grupos, como manifestação de ecletismo.

Em 1931, surgiu uma possibilidade de trabalho e a oportunidade de distanciamento deste clima desagradável. Luria e Leontiev aceitaram o convite e passaram a residir em Kharkov, trabalhando no Departamento de Psicologia do Instituto Psiconeurológico da Ucrânia. Vygotsky manteve assessoria direta ao grupo e retornou ao curso de medicina que havia abandonado na adolescência. Passou a assistir aulas de Neurologia, tanto em Moscou quanto em Kharkov.

Em 1936 a paidologia foi proibida pelo comitê central do Partido Comunista. A proibição visava, principalmente, os aspectos psicométricos e as aplicações de provas e testes psicológicos nas áreas educativa, social e industrial, sendo que a psicotécnica já havia desaparecido desde 1931:

> A acusação contra os paidólogos tinha sido somente uma anedota; o que se censurava era o esforço por abrir um caminho original e arriscado. [...] E assim a reflexologia pavloviana revestida de terminologia marxista se converteu na psicologia oficial e a única admissível (SIGUÁN, 1987: 18).

O desenvolvimento da psicologia de enfoque sócio-histórico passou por uma fase de ascensão, pelo crescimento significativo da psicologia soviética no período pós-revolucionário, para depois sofrer uma queda na produção, a partir dos anos 1930 até a quase estagnação, em 1936, devido às imposições do regime estalinista – caracterizadas pelo dogmatismo, perseguição ideológica e direcionamento político na ciência – que levaram a uma crescente psicofisiologização do homem por meio das concepções pavlovianas.

Outro aspecto relacionado às restrições ao enfoque sócio-histórico, na antiga Rússia, foi apontado por Wertsch (1988), e diz respeito aos conflitos entre alguns argumentos de Vygotsky sobre a linguagem e os expostos por Stalin num ensaio sobre linguística em 1950. Somente em 1956, Vygotsky retornou à cena na Rússia e seu livro *Pensamento e linguagem* (1934; 1993) passou a ser editado, bem como outros escritos, nos anos seguintes.

2. DA CRISE METODOLÓGICA DA PSICOLOGIA À CRIAÇÃO DE UMA PSICOLOGIA SOCIAL

> *[...] o conhecimento do singular é a chave de toda a psicologia social; de modo que devemos conquistar para a psicologia o direito de considerar o singular, ou seja, o indivíduo, como um microcosmo, como um tipo, como um exemplo ou modelo da sociedade* (VYGOTSKY, 1996c: 368).

Vygotsky escreveu o texto "O significado histórico da crise da psicologia – Uma investigação metodológica" (1927; 1996c), no qual realizou uma análise metateórica ou metodológica da psicologia (como ele a definiu). Os pontos centrais desta investigação estavam orientados pela necessidade de delinear um caminho para a psicologia, pela criação de uma psicologia geral, que não poderia ser outra do que a psicologia social dialética.

Este texto redimensiona a problemática da psicologia ao elaborar questões fundamentais, e extremamente atuais, que refletem sobre alguns aspectos da condição da psicologia social no final do século. É um trabalho espetacular do ponto de vista histórico, em que Vygotsky transitou entre o passado, rememorando-o, porém, não para repetir, mas acima de tudo, diferenciá-lo; o presente, insistindo no impossível, e o futuro, celebrando uma metamorfose que está por se dar.

Neste texto observa-se o profundo conhecimento de Vygotsky sobre história da psicologia, não só da antiga Rússia, como também do mundo. Nele, as análises não se restringem ao seu contexto espaçotemporal, mas abordam a crise da psicologia em âmbito mundial.

Vygotsky defendia a tese de que a crise da psicologia caracterizava-se, fundamentalmente, por uma crise metodológica que só poderia ser superada por meio de uma metodologia científica com embasamento na histórica:

> É através da análise da realidade científica e não por meio de raciocínios abstratos que pretendemos obter uma ideia clara da essência da psicologia individual e social – como aspectos de uma mesma ciência – e do destino histórico de ambas (VYGOTSKY, 1996c: 210).

A preocupação epistemológica com a psicologia e com a psicologia social perpassa todo o texto, desde a pergunta sobre qual é o objeto da psicologia e quais são os princípios explicativos priorizados no estudo da psicologia, até a definição da psicologia geral e sua relação com as demais disciplinas da psicologia.

A discussão gira em torno da diversidade de possibilidades do objeto da psicologia e da incapacidade das tentativas de respostas oferecidas pelos sistemas psicológicos que não conseguiam compor uma ciência geral, apesar de suas pretensões, pois verificou que a psicanálise, o behaviorismo e a psicologia subjetiva não apenas elegeram objetos diferentes – como o inconsciente, o comportamento e o psíquico e suas propriedades, respectivamente –, mas trabalhavam com fatos diferentes.

1. O objeto psicológico

Ao constatar a impossibilidade de os sistemas teóricos, existentes na época, tornarem-se uma psicologia geral, uma metateoria das várias perspectivas na psicologia, Vygotsky analisou que essa condição revelava um problema filosófico e científico no que diz respeito à origem e desenvolvimento dos fatos científicos.

Para desenvolver essa ideia, Vygotsky estabeleceu o debate entre os fatos empíricos e os conceitos científicos, e entre os conceitos e as ideias explicativas.

Concebendo a relação de interpenetração entre fato real, conceito e ideia explicativa, Vygotsky esquematizou o desenvolvimento dos princípios explicativos, elaborando cinco níveis de passagem. No primeiro momento, emerge um descobrimento que altera o modo habitual de tratar um fenômeno; dá-se a seguir a propagação da influência dessa ideia; na fase de integração, essa ideia já está desvinculada dos fatos originadores e passa ao nível da confrontação pela disputa no cenário de uma disciplina. Com isso, ocorre uma adaptação mútua entre o conceito anteriormente existente e a ideia. No quarto estágio, é necessário que a ideia se libere do conceito principal ultrapassando os limites na procura das causas externas, e nesse movimento de busca de aliados (outras ciências ou sistema filosófico) a ideia pode formular-se como um princípio universal ou como uma ideologia. O último estágio caracteriza-se por intensa luta e negação, após converter-se em ideologia ou interconectar-se com uma ideologia, em que a ideia do fato científico retorna à vida social e revela sua natureza social, e estabelece-se um novo confronto, agora no palco, junto com as demais ideologias e as possíveis apropriações desse princípio explicativo.

Este é o trajeto que percorre um descobrimento na psicologia que pretende tornar-se princípio explicativo. Nesta perspectiva, Vygotsky analisou quatro conjuntos de ideias em psicologia e seus respectivos princípios explicativos: psicanálise-sexualidade; reflexologia-reflexo; psicologia da gestalt-forma; o personalismo-personalidade.

Nesta síntese, Vygotsky reconheceu o valor intrínseco a cada conjunto de ideias explicativas presentes no seu corpo teórico de análise, mas as criticou como categorias universais da psicologia geral e, além disso, evidenciou a impossibilidade de um princípio explicativo conter a necessária compreensão da totalidade do comportamento humano:

> Cada uma dessas ideias é, no lugar que lhe corresponde, extraordinariamente rica quanto a seu conteúdo, está cheia de significado e sentido, está plena de valor e é frutífera. Mas quando as ideias se elevam à categoria de leis universais passam a valer o mesmo, tanto umas quanto as outras são absolutamente iguais entre si, isto é, simples e redondos zeros; a individualidade de Stern é para Bekhterev um complexo de reflexos, para Wertheimer uma gestalt e para Freud sexualidade (VYGOTSKY, 1996c: 227).

Vygotsky, analisando a origem do problema da psicologia geral, concebeu a relação intrínseca entre conceito científico e realidade concreta, na qual conceito científico incorpora sedimentos da realidade de onde o conhecimento surgiu, e o fato empírico contém abstrações.

Desta maneira, estabeleceu a união e a distinção entre fato empírico e teoria, entre o fato e a sua concepção. O fato real é entendido como material imediato e o fato científico como interpretação e abstração. O fato científico, a partir de um sistema específico, constitui o fato real. O material científico é produto do pensamento e do conceito, o que leva à afirmativa de que não existe uma equidade entre fato empírico e fato científico. No entanto, fato científico é, para Vygotsky (1996c: 234), "uma abstração de certos traços da inesgotável soma de signos do fato natural".

No processo de conhecimento, o objeto a ser conhecido nunca pode ser o objeto em si e nem a materialidade em si. Só é possível conhecer alguns signos do objeto. Teoricamente o conhecimento é infinito, pois passa pela produção de objetos significantes e de significados. O saber não está no objeto mas na relação do signo com o objeto. Para Vygotsky, a palavra é o signo por excelência.

Vygotsky ressaltou a importância fundamental da palavra, da inter-relação e diferenciação entre linguagem e pensamento, ao elaborar os fatos empíricos, os conceitos e os princípios explicativos. Desta maneira, afirmava que a escolha da palavra implicava um processo metodológico e defendia que deveria haver uma permanente fusão entre teoria e metodologia.

Vygotsky fez uso da expressão de Potebnia, "qualquer palavra já é uma teoria" (1996c: 234), para legitimar sua teoria metodológica que afirmava que a descrição do fato já é teoria, e acrescentou que a linguagem comporta os fundamentos e as possibilidades da cognição científica dos fatos, com isso, a palavra está na origem da ciência.

> Assim, a própria língua encerra os fundamentos e as possibilidades da cognição científica do fato. A palavra é o germe da ciência e nesse sentido cabe dizer que no começo da ciência estava a palavra (VYGOTSKY, 1996c: 235).

Portanto, o estudo da linguagem psicológica, de seu vocabulário, nomenclatura, terminologia e do significado oculto de suas palavras são fatores desveladores da crise. "A revolução arranca sempre das coisas os nomes velhos, tanto em política quanto em ciência" (VYGOTSKY, 1996c: 301).

2. A metodologia dialética

Um outro aspecto abordado com relação à crise foram as tentativas tradicionais de formulação de uma metodologia sintética a partir da junção de conceitos e teorias de diferentes perspectivas, levando à formulação equivocada das perguntas e a respostas desarticuladas da pergunta pela união de universos tão distintos, gerando vários tipos de ecletismo, como: o freudismo reflexológico de Bekhterev; as sínteses entre o behaviorismo e a psicologia freudiana; o freudismo sem Freud, de Adler e Jung; os intentos de unir a psicologia freudiana e o marxismo. Neste rol, também colocou as tentativas de seus colegas de justapor marxismo e psicologia, fazendo construções meramente verbalistas, ecléticas e superficiais. A procura de sistematização e organização de conceitos e teorias "incompatíveis" levou a absurdos e aberrações como a dissolução da dialética em pesquisas e testes. Alguns ecléticos responderam às questões colocadas pela filosofia marxista com a metapsicologia freudiana, ou seja, ocorreu a perda do critério objetivo com a intenção de negar o desenvolvimento histórico da psicologia, por meio de mudanças terminológicas que acabaram deformando tanto o marxismo quanto a psicologia e resultaram em um amontoado de citações e ilustrações nos aberrantes manuais de psicologia dialética.

Para Vygotsky, a apropriação legítima do marxismo pela psicologia não se dava de forma direta, mas sim mediada. Por meio do conhecimento do método de Marx, Vygotsky construiu uma ciência psicológica, entretanto, jamais buscou a psicologia no marxismo ou na aderência de marxismo e psicologia.

Além da crítica aos procedimentos de fusão de sistemas, Vygotsky analisou algumas possibilidades de enfrentamento da situação, afirmando que era necessário considerar positivamente essa crise, fato que passava pelo reconhecimento da mesma. Porém, este aspecto não apresentava consenso, existindo diferentes interpretações, desde os que negavam a crise, como Chelpanov e os psicólogos russos da velha escola; os que encaravam a crise como tendo um valor subjetivo, como por exemplo, o behaviorismo militante de Watson, que considerava apenas verdadeira a sua ciência, até os que partiam de um diagnóstico objetivo empírico da crise fazendo o cálculo do número de escolas, e por meio disso, avaliavam a dimensão da crise, como fez Allport; e ainda aqueles que identificavam a crise mas não a diferenciavam de qualquer outra, ficando restritos a uma concepção anti-histórica.

Para Vygotsky, o importante era colocar corretamente a pergunta, e identificar, claramente, a origem da crise, e o que poderia fazer era apontar uma nova postura para refletir sobre a definição de uma psicologia de base marxista. Vygotsky não pretendia resolver todos os problemas da psicologia, mas sim formulá-los corretamente.

Um dos problemas trabalhados por Vygotsky – no texto sobre o significado histórico da crise da psicologia – foi a distinção entre questões epistemológicas e ontológicas. Na sua época, o debate dos meandros filosóficos entre os psicólogos era quase inexistente. O seu mérito estava na interlocução com as outras áreas do conhecimento, sem perder a especificidade do psicológico, sem diluir o referencial da psicologia em filosofia ou sociologia. Elaborou a dimensão social, histórica e epistemológica da psicologia sem reduzi-la a especulações filosóficas ou sociológicas. Vygotsky demonstrou possuir uma brilhante intuição para as ideias da psicologia que extrapolavam os limites do pensamento dos psicólogos de sua época.

Analisando o corpo teórico da psicologia, Vygotsky afirmou que, independentemente das diversas ideias de seus representantes, pode-se falar de apenas duas psicologias, a científico-natural-materialista e a espiritualista-descritiva. Considerou que foram duas construções de sistemas de saberes distintos, em que os demais saberes são originários de uma dessas duas construções, logicamente apresentando diferentes abordagens, teorias, hipóteses e até mesmo escolas.

Para Vygotsky, a divergência entre idealismo e materialismo era a essência do problema da psicologia, sendo que esta problemática devia-se ao errôneo e obscuro delineamento do problema gnosiológico. A confusão estava entre problema gnosiológico e ontológico, que gerava a identificação entre subjetivo e psíquico, entre consciência gnosiológica e consciência psicológica.

A confusão entre o problema gnoseológico e o ontológico resultante da transposição para a psicologia de conclusões já estabelecidas, em vez de realizar a partir dela todo o processo de raciocínio, provoca a deformação de *um* ou de *outro* problema. Quando isto é feito, é comum identificar o subjetivo com o psíquico, e a partir daí se conclui que o psíquico não pode ser objetivo; também se confunde a consciência gnoseológica (como um dos termos da antinomia sujeito-objeto) com a consciência empírica, psicológica, e a partir disto se diz que a consciência não pode ser material [...] (VYGOTSKY, 1996c: 379-380).

Vygotsky estava fazendo críticas às concepções que defendiam a coincidência entre existência e fenômeno, entre existência e consciência; às concepções da perspectiva idealista. Para Vygotsky era necessário distinguir sujeito e objeto, realidade e pensamento, sensação e conhecimento. Nesta distinção, configurava-se o campo de investigação da psicologia.

3. A negação da existência do subjetivo

Na discussão da delimitação entre o materialismo e o idealismo, Vygotsky colocava a questão do pensamento e do pensamento sobre o pensamento, do ato e da representação deste, do objetivo e do subjetivo.

Entre nós também há quem pergunte: se se estudará o próprio pensamento e não o pensamento sobre o pensamento, o próprio ato e não o ato que eu me represento, o objetivo e não o subjetivo, quem, então, vai estudar o verdadeiramente subjetivo, a deformação subjetiva dos objetos? (VYGOTSKY, 1996c: 382).

A resposta que ele ofereceu, neste momento, foi que o estudo do conhecimento subjetivo pertence à lógica e à teoria histórica do conhecimento, pois o subjetivo como existência é resultado de dois processos em si objetivos:

O estudo do conhecimento subjetivo é coisa da lógica e da teoria histórica do conhecimento: como existência, o subjetivo é o resultado de dois processos, em si mesmos objetivos. A alma nem sempre é sujeito: na introspecção se divide em objeto e sujeito (VYGOTSKY, 1996c: 383).

Para elaborar essa resposta, Vygotsky recorreu a V.I. Lenin, aplicando ao sujeito-objeto psicológico a fórmula gnosiológica materialista de Lenin, que afirmava a matéria como realidade objetiva, independentemente da consciência humana.

Em gnoseologia, *aquilo que parece* existe, mas afirmar que aquilo é realmente a existência é falso. Em ontologia, *o que parece* não existe em absoluto. Ou os fenômenos psíquicos existem e então são materiais e objetivos, ou não existem e não podem ser estudados. É impossível qualquer ciência só sobre o subjetivo, sobre *o que parece*, sobre fantasmas, sobre o que não existe. O que não existe *não existe em absoluto*, e não vale o "meio não" e o "meio sim". Temos de enfrentar isto. Não cabe dizer: no mundo existem coisas reais e *irreais* – o irreal não existe. O irreal deve ser explicado como a não coincidência, como a relação entre duas coisas reais; o subjetivo como a consequência de dois processos objetivos. O subjetivo é o aparente, e por isso *não existe* (VYGOTSKY, 1996c: 386).

Ainda para evidenciar a relação entre o objetivo e o subjetivo, Vygotsky fez a comparação da consciência com o reflexo especular, afirmando que não era possível uma ciência sobre os espectros especulares, mas que a teoria da luz e das coisas que rechaça e reflete poderia explicar os espectros:

> O mesmo ocorre em psicologia: o subjetivo, o espectro em si, deve ser compreendido como a consequência, como o resultado, como o pombinho frito, de *dois* processos objetivos. O enigma da psique se resolverá como o do espelho, não estudando espectros, mas estudando duas séries de processos objetivos, de cuja integração surgem os espectros como reflexos aparentes *de um no outro*. Em si, a aparência não existe (VYGOTSKY, 1996c: 388).

Na reflexão sobre a distinção entre o subjetivo e o objetivo, Vygotsky estava fazendo uma crítica ao subjetivo enquanto um conceito idealista. Essa noção de subjetivo estava desgastada historicamente, pois não apresentava nenhum sustentáculo de materialidade, era uma construção ideológica. Para ele, não poderia existir o subjetivo em si e, consequentemente, nem a ciência que se propusesse a estudá-lo apenas como mera aparência.

Vygotsky colocou o sujeito e a subjetividade no centro da reflexão da psicologia e da psicologia social, mas os retirou do dualismo que caracterizava a psicologia. O sujeito e a subjetividade não são conceitos idealistas nem materialistas; com isso, não estão no subjetivo abstrato e nem no objetivo mecanicista, mas são constituídos e constituintes na e pela relação social que acontece na e pela linguagem. Aqui está a grande riqueza da reflexão de Vygotsky.

3. AS CONCEPÇÕES SOBRE A CONSTITUIÇÃO DO SUJEITO NAS DIFERENTES LEITURAS DA TEORIA DE VYGOTSKY

Nas diferentes interpretações da obra de Vygotsky, feitas por seus comentadores e seguidores, configuram-se diferentes possibilidades de análise da subjetividade e da constituição do sujeito. Uma questão é como alguns autores têm trabalhado a constituição do sujeito a partir do enfoque sócio-histórico. Outra questão é como alguns autores pensam que Vygotsky analisou a constituição do sujeito na sua obra. Embora essas duas questões estejam inter-relacionadas, é necessário analisá-las em momentos distintos.

O objetivo deste capítulo é enfocar alguns autores que apresentam uma produção teórica que permite a reflexão em torno da subjetividade e da constituição do sujeito em Vygotsky e no enfoque sócio-histórico. Não se pretende fazer uma elaboração detalhada dos diversos modos de constituição do sujeito nos autores atuais nem um estudo exaustivo das diferentes leituras da teoria vygotskyana.

Convém ressaltar que a problemática da subjetividade não representa a questão central de investigação desses autores e, raras vezes, aparece de forma explícita nos textos. Desta forma, é escasso o material de referência direta à noção de subjetividade; os autores usam outros conceitos, tais como privacidade, eu, intrapsicológico, mundo privado, sentido pessoal, relação eu-outro, cultura pessoal, etc.

Geralmente, a questão da subjetividade é tangenciada na elaboração da concepção de sujeito e na interpretação da concepção de sujeito na teoria vygotskyana. Entretanto, vale salientar que, apesar de a concepção de subjetividade não decorrer diretamente da concepção de sujeito, por meio desta pode-se refletir sobre aquela.

Os autores reconhecem e valorizam os pressupostos básicos da perspectiva sócio-histórica, que podem ser traduzidos no entendimento do homem na dimensão das leis sócio-históricas, e não mais na ordem das leis naturais e do estritamente biológico, tal como é compreendido por outras teorias psicológicas.

Desta forma, os autores têm por pressuposto a origem e a natureza social do homem, ou seja, o homem é constituído a partir das relações sociais.

Entretanto, a análise sobre a natureza, ou seja, a qualidade da participação da realidade social na constituição do sujeito e sobre a conceituação da gênese dos processos psicológicos no sujeito geram controvérsias e explicações ambíguas, demarcando um debate entre os especialistas que priorizam o funcionamento intrapsicológico e aqueles que enfatizam o funcionamento interpsicológico:

> Embora o papel da realidade social na formação do sujeito individual seja uma ideia amplamente aceita (e óbvia), controvérsias e ambiguidades surgem quando a natureza deste papel e a gênese dos processos individuais são conceituadas. As abordagens deste problema envolvem elaborações teóricas que tendem a privilegiar ou o funcionamento intraindividual ou o interindividual (SMOLKA et al., 1995)[1].

No entanto, essa questão da constituição do sujeito, quer seja enfatizando os aspectos intrapsicológicos quer seja priorizando os aspectos interpsicológicos, ou ainda, reconhecendo a dialética da relação entre ambos, que são questões controvertidas, não amenizam outra polêmica entre os especialistas.

Alguns críticos desconsideram que Vygotsky pensou e elaborou a questão do sujeito. Esses autores o criticam, dizendo que ele centralizou sua análise no polo do social, mas outros autores declaram que a questão do sujeito era a preocupação primeira e fundamental para Vygotsky. Outros, ainda identificam o sujeito pre-

---

[1]. Não foi colocado o número da página desta citação e das demais desse artigo, porque não houve acesso à obra, mas sim a uma cópia fornecida por um dos autores. O trecho original é : "Althought the participation of social reality in the formation of the individual subject is a widely accepted (and obvious) idea, controversies and ambiguits arise when the nature of this participation and this problem involve theoretical elaborations which tend to privilege either intraindividual or interindividual functioning".

sente na obra vygotskyana, mas tendem a reconhecer diferentes sujeitos em Vygotsky.

Diante disso, diferentes momentos de análise serão necessários para contemplar essas diversas questões que giram em torno da constituição do sujeito e da problemática da subjetividade, quais sejam, como os autores concebem a constituição do sujeito, isto é, as diferentes concepções de sujeito; como os autores consideram que Vygotsky analisou a constituição do sujeito, ou seja, as diferentes concepções de sujeito em Vygotsky, sendo que para alguns ele ignorou essa questão, enquanto que para outros é a questão fundamental da teoria vygotskyana.

As análises do sujeito e da subjetividade, nas diferentes interpretações da obra vygotskyana, estão relacionadas à identificação dos referentes das reflexões de Vygotsky, ou seja, o reconhecimento ou não do caráter dialético da obra de Vygotsky.

Na compreensão da constituição do sujeito os autores apresentam versões diferenciadas. Alguns autores focalizam mais os processos intrapsicológicos ou intraindividuais, enquanto que outros autores abordam os aspectos interpsicológicos ou interindividuais. Além disso, outros autores concebem a relação dialética entre a dimensão inter e intrapsicológica. De acordo com o predomínio nos processos intrapsicológicos ou interpsicológicos ou na dinâmica de ambos, emergem concepções diferenciadas da constituição do sujeito.

1. Ênfase no funcionamento intrapsicológico

Dentre os autores que analisam a constituição do sujeito priorizando os aspectos intrapsicológicos, destaca-se a presença significativa de Jaan Valsiner.

Valsiner (1993), analisando o modelo da sociogênese, que se caracteriza por enfatizar a relevância do mundo social na formação das funções psicológicas, afirma que poucos progressos foram realizados na construção de um modelo teórico que explicite claramente como o indivíduo torna-se um sujeito via relação social.

Ele identifica dois modelos de transmissão cultural – o modelo unidirecional e o modelo bidirecional – e propõe um novo modelo, o coconstrutivismo.

Para esse autor, o modelo unidirecional prevalece na noção de transmissão cultural ou socialização dentro da sociogênese. Ele critica esse modelo por considerá-lo um artefato de transferência não crítica de ideias, que concebe a socialização como algo passivo. Em contraste, o modelo bidirecional está baseado na premissa de que os participantes no processo de transmissão cultural estão transformando ativamente as mensagens culturais; porém, para Valsiner, o modelo de transmissão cultural bidirecional acaba dando maior ênfase às sugestões sociais, com isso levando à determinação do social sobre o pessoal.

Nos esforços de definir a relação do indivíduo com a sociedade, Valsiner (1993) estabelece três tipos possíveis de interpretação na sociogênese. Os três tipos são: aprendizagem harmônica, fusão e contágio.

A noção de aprendizagem harmônica está baseada no fato de que o mundo social providencia as informações necessárias para o desenvolvimento pessoal e para a participação na sociedade. Pela socialização harmônica a pessoa aprende o modo de ser um participante da sociedade. A noção de aprendizagem harmônica está centralizada nos aspectos estruturais da informação social, assegurando o aprendizado nas funções intrapsicológicas.

Por outro lado, a fusão está fundamentada na unificação, não estruturada, dos aspectos dinâmicos do mundo pessoal e social, podendo levar à dissolução do sujeito pela eliminação da ordem estrutural dos mundos social e pessoal, ou seja, ocorre o predomínio demasiado dos aspectos dinâmicos da sociogênese.

O contágio tenta integrar os aspectos estruturais e dinâmicos da pessoa e da sociedade; para tanto, baseia-se na metáfora do contágio das doenças infecciosas. A noção de contágio aborda os mecanismos de infecção e imunização, isto é, o contágio é entendido como um processo em que a pessoa pode neutralizar a infecção ou resistir a ela.

Na descrição dos processos da sociogênese, Valsiner (1993) observa que tem explicações de episódios de *maximum social relatedness* como, também, de períodos de *seemingly total independence* da pessoa com relação ao mundo social.

O autor está preocupado com a construção conjunta da pessoa e da sociedade e, especialmente, com a preservação e com a sobrevivência da pessoa. No contexto do discurso teórico, então, desenvolve a perspectiva coconstrutivista, fazendo uso da metáfora do contágio.

Para Valsiner (1993), a pessoa constrói uma "cultura pessoal" (*anticorpus* da cultura coletiva) através de sua experiência prévia; a pessoa em desenvolvimento pode estar imune a sugestões do meio social, utilizando uma variedade de estratégias: ignorando, neutralizando, trivializando, resistindo, rejeitando...

Essas estratégias desenvolvidas permitirão a construção de uma "cultura pessoal" e a diferenciação da cultura coletiva. A relação da pessoa com a realidade social caminha em direção à coconstrução da individualidade da pessoa construindo a "cultura pessoal".

Valsiner traz para o enfoque sócio-histórico e para o modelo da sociogênese a questão da "cultura pessoal", que é construída na resistência às sugestões sociais, sendo que essa resistência garante a não dissolução do sujeito no social, ou seja, a resistência resguardando o espaço do sujeito, a "cultura pessoal".

A "cultura pessoal" comporta tanto a internalização quanto a externalização do fenômeno subjetivo.

A noção de "cultura pessoal" refere-se não somente ao fenômeno subjetivo internalizado (processo intrapsicológico), mas às imediatas (centrado na pessoa) externalizações destes processos (VALSINER, 1994: 5)[2].

A noção de "cultura pessoal" sedimenta-se na afirmação de Van der Veer & Valsiner (1991) de que todas as pessoas envolvidas no discurso social são coconstrutoras de ideias, já que o mundo social caracteriza-se pela heterogeneidade de conceitos com significados diferentes, em que as pessoas podem usar os conceitos, ajustar os significados, rejeitar ou integrar essas ideias na estrutura cognitiva.

Porém, Valsiner não trabalha no espaço semiótico, pois teme que este possa diluir o sujeito; prefere pressupor a noção de resis-

---

2. The notion of "personal culture" refers not only to the internalized subjective phenomena (intra-mental processes), but to the immediate (person-centered) externalizations of those processes.

tência pessoal assegurando a não determinação social na pessoa. Para ele, o importante é a coconstrução da pessoa, da "cultura pessoal", do sujeito que resiste às sugestões sociais.

Nessa trajetória de resistência e de imunização do eu com relação às sugestões sociais dos outros vão se construindo os símbolos seletivos da pessoa ativa. Desta maneira, as ideias estão presentes nos sujeitos, ao mesmo tempo que os sujeitos estão participando do discurso social.

Valsiner compartilha a ideia de que o desenvolvimento pessoal é constantemente cercado pelas formas de sugestão social da cultura coletiva, porém concebe a cultura coletiva como uma combinação de culturas pessoais pelas externalizações das diferentes pessoas, isto é, a cultura coletiva aparece como somatória da "cultura pessoal":

> A cultura coletiva é uma bricolagem interpessoal de externalizações por um conjunto variado de pessoas que a qualquer momento no tempo constituem o sistema de canalização cultural (reprimindo) para as pessoas (VALSINER, 1994: 6)[3].

Valsiner (1994; 1993) reconhece a existência de dois mundos: o mundo pessoal e o mundo social; e afirma que os mecanismos da sociogênese criam o fenômeno social e pessoal em paralelo, ou seja, permitem a criação do mundo psíquico íntimo que nunca pode ser completamente partilhado por outro ser humano, somente alguns conteúdos podem ser externalizados nos processos de esforço criativo no entendimento interpessoal. O desenvolvimento do ser humano opera em paralelo no domínio intrapsicológico e no mundo social.

A perspectiva do coconstrutivismo de Valsiner representada na preservação da "cultura pessoal", da liberdade, da autonomia e da resistência pessoal do sujeito diante das sugestões sociais e da cultura coletiva, faz com que ele coloque a "cultura pessoal" como o centro e o núcleo mais importante da construção do contexto, no qual a cultura coletiva passa a ser um recurso e um canalizador da cultura pessoal. A cultura coletiva nasce das externalizações dos sistemas de sentido pessoal de diferentes sujeitos, e é por elas

---

[3]. The collective culture is an interpersonal bricolage of externalizations by a varied set of persons, which at any moment in time constitutes the cultural canalizing (constraining) system for persons.

sustentada, embora o autor reconheça que os sentidos e os significados são sugeridos, originalmente, pela sociedade.

A perspectiva do coconstrutivismo não só gera o dualismo entre pessoal e social, mas também coloca em questionamento a compreensão da gênese e natureza social dos processos psicológicos, pois a experiência anterior como garantia da "cultura pessoal" ocorre em contexto social; as apropriações das convenções sociais, inclusive das regras sociais de reconhecimento e negação do outro, são aprendidas socialmente. A pessoa elabora as estratégias de resistência (imunológica) ao ambiente social na realidade social, sendo que é influenciada socialmente. Há uma complexa reconstituição, entendendo reconstituição como reprodução e criação, na e pela pessoa, de algo já construído pela humanidade.

Além disso, o autor centraliza sua análise nos termos sugestão social, contágio e resistência pessoal, apresentando a "cultura pessoal" pela metáfora do contágio mediante resistência às sugestões sociais.

Valsiner busca contribuições dos teóricos organicistas, especialmente de Baldwin, e tem como princípio fazer uma síntese entre Vygotsky e Piaget, acreditando que o coconstrutivismo deve considerar as semelhanças entre os dois autores. Neste sentido, não apresenta os mesmos pressupostos da teoria vygotskyana. O coconstrutivismo é um outro mosaico, uma perspectiva mais desenvolvimentista e menos dialética, que está centrado na preocupação da formação intrapsicológica e na "cultura pessoal".

A seguir, serão analisados alguns autores que apresentam uma posição bastante diferente de Valsiner. Na problemática da concepção da constituição do sujeito, esses autores priorizam os aspectos interpsicológicos.

2. Ênfase no funcionamento interpsicológico

Wertsch (1988) focaliza as propriedades dos processos interpsicológicos que permitem a transição ao plano intrapsicológico. Parte do pressuposto de que o funcionamento interpsicológico está ligado ao funcionamento intrapsicológico. Com isso, ao se caracterizar o funcionamento interpsicológico, necessariamente, analisa-se o funcionamento intrapsicológico, considerando que a transição ocorre por mudanças quantitativas e qualitativas.

Esse autor defende a tese de que a origem dessa transição está nos instrumentos semióticos usados na interação social, e apresenta dois processos fundamentais na análise do funcionamento interpsicológico: a definição da situação e os níveis de intersubjetividade.

A definição da situação é o modo como se representam ou se definem os objetos e os acontecimentos em uma situação. E os níveis de intersubjetividade estão relacionados às diferentes maneiras de participação, compartilhadas pelos interlocutores em uma definição da situação.

Wertsch refere-se à obra de Rommetveit para falar dos níveis de intersubjetividade, pois acredita que as propostas de Rommetveit sobre estados de intersubjetividade e de Vygotsky sobre o funcionamento interpsicológico são semelhantes, considerando que a comunicação ultrapassa os limites dos mundos privados dos participantes:

> A comunicação transcende os mundos "privados" dos participantes. Estabelece o que poderíamos chamar "estados de intersubjetividade" (ROMMETVEIT apud WERTSCH, 1988: 170).

De acordo com Rommetveit e Wertsch, a comunicação deve basear-se em um nível mínimo de definição da situação compartilhada, ou seja, de intersubjetividade; neste sentido, acontece a comunicação pela constituição de uma realidade social temporalmente compartilhada por negociação mediada semioticamente entre as pessoas envolvidas na definição da situação. Essa proposta restringe a intersubjetividade a uma interação face a face, à presença imediata do outro e aos mecanismos de comunicação compartilhados na interação.

Dentro desta perspectiva, Wertsch (1988) afirma que se podem identificar pontos de intersubjetividade na Zona de Desenvolvimento Proximal[4], ou seja, reconhecer níveis de intersubjetividade na situação compartilhada entre o adulto e a criança.

---

4. Vygotsky (1984) define a Zona de Desenvolvimento Proximal como a distância entre o nível de desenvolvimento real, determinado pela solução independente de problemas, e o nível de desenvolvimento potencial, determinado pela solução de problemas sob a orientação de um adulto ou um companheiro mais capaz.

Nesta identificação, apresenta quatro níveis na transição do funcionamento interpsicológico para o funcionamento intrapsicológico. No primeiro nível, a definição da situação da criança é tão diferente da definição da situação do adulto que a comunicação torna-se quase impossível. Consequentemente, a intersubjetividade não acontece. No segundo nível, a criança ainda não compreende a natureza da ação dirigida a um objetivo, mas existe uma definição da situação mínima compartilhada. No terceiro nível de intersubjetividade, a criança faz inferências esclarecedoras interpretando as produções diretivas do adulto, mesmo as não explícitas, mas que fazem parte da definição da situação pelo adulto. E, finalmente, no quarto nível, a criança e o adulto estabelecem uma intersubjetividade completa, na qual a criança regula a responsabilidade da tarefa, dominando a definição da situação colocada pelo adulto.

Desta forma, para Wertsch, tudo que acontece no plano interpsicológico, nestes diferentes níveis de intersubjetividade, realiza-se no plano intrapsicológico; essa transição acontece pelos mecanismos semióticos.

Wertsch (1988), esboçando os mecanismos comunicativos que permitem a passagem do funcionamento interpsicológico ao intrapsicológico, faz uso de dois mecanismos semióticos: a perspectiva referencial e a abreviação.

Perspectiva referencial implica um ato referencial, é um mecanismo semiótico utilizado pelo falante para identificar um referente; são algumas expressões que minimizam e maximizam a informação. As expressões que minimizam são as dêiticas (este, aquele) e as expressões comuns (nome mais comum de um objeto); as expressões que maximizam a quantidade de informações são as expressões informativas do contexto.

O outro mecanismo semiótico é a abreviação, que é a redução da representação linguística explícita. Wertsch (1988) menciona que Vygotsky analisou este mecanismo na explicação da fala interna, porém observa que Vygotsky utilizou a abreviação somente no funcionamento intrapsicológico. Ele estende o emprego deste mecanismo semiótico no funcionamento interpsicológico, reconhecendo a relação entre a representação linguística e a definição da situação, ou seja, os aspectos envolvidos na definição da situação aparecem representados na fala em diferentes graus; quanto menos aspectos representados maior será o nível de abreviação. Por meio deste mecanismo semiótico, estabelece diferentes níveis de intersubjetividade.

Wertsch (1988) analisa a definição da situação e os níveis de intersubjetividade, exclusivamente, na relação do adulto com a criança na zona de desenvolvimento proximal, através dos mecanismos semióticos da perspectiva referencial e da abreviação em uma relação diádica.

Portanto, o autor elabora um modelo do que deveria ser a relação ideal entre o adulto e a criança, concebendo a existência de diferentes níveis de intersubjetividade, como se existisse um nível completamente harmônico, consequentemente ideal, na relação do adulto com a criança.

Porém, é necessário resgatar a questão da intersubjetividade, principalmente porque Wertsch parte da noção de que a proposta de estados de intersubjetividade de Rommetveit é compatível com a noção de funcionamento interpsicológico de Vygotsky.

Smolka et al. (1995) questionam o uso do termo intersubjetividade, apresentando a análise da palavra intersubjetividade em diversos autores e perspectivas. Consideram que essa palavra pode gerar ambiguidades quando assumida ou suposta como precondição da relação, convergindo para uma natureza harmônica de intersubjetividade. Eles estão preocupados com o caráter não harmônico, com os conflitos, com o irregular e com o caótico nas relações sociais que advêm das diferenças entre os indivíduos e das diferenças sociais.

Além disso, mencionam que a tematização da intersubjetividade não pressupõe a complexidade do processo de constituição do sujeito, mas, ao contrário, apanha o sujeito já constituído participando nas relações sociais.

Essas considerações sobre o *status* teórico, natureza e abordagem metodológica de intersubjetividade indicam, dentro desta perspectiva, o processo no qual o sujeito é constituído e, principalmente, apenas indiretamente endereçado. Os modelos não apresentam questões específicas sobre o *status* ou constituição dos sujeitos em conexão (afinidade), e frequentemente parecem se referir a sujeitos já constituídos que entram em conexões. As raras referências à subjetividade envolvem intersubjetividade, sugerindo que vários esclarecimentos são necessários para se avançar no estudo do processo de constituição social (SMOLKA et al., 1995).

Percebe-se que as tentativas de compreensão da constituição social do sujeito, do entendimento dos mecanismos e processos pelos quais se dá a constituição do sujeito inserido socialmente, apresentam alguns problemas, como demonstrado anteriormente nas diversas análises: as reflexões sobre a sociogênese, por um lado, reforçam as ideias de uma sociabilidade harmônica e, por outro lado, geram a dissolução do sujeito; as reflexões sobre o co-construtivismo de Valsiner, que no imperativo categórico de preservação da pessoa constrói a noção de "cultura pessoal" em contraposição à cultura coletiva; as reflexões de Wertsch, que na busca das propriedades dos mecanismos semióticos do funcionamento interpsicológico concebeu a existência de uma intersubjetividade harmônica.

Desta forma, as problemáticas do sujeito e da subjetividade permanecem não resolvidas, como nos mostram as reflexões sobre Valsiner e Wertsch, pois a análise da constituição do sujeito é operacionalizada com reduções, ora do funcionamento interpsicológico, ora do funcionamento intrapsicológico, e em uma perspectiva harmônica de interações diádicas.

3. Ênfase na relação dialética das dimensões intra e interpsicológica

Os autores que têm se diferenciado, apontando novas possibilidades para superar o dualismo entre o funcionamento interpsicológico e o funcionamento intrapsicológico, acabando com a primazia de uma dimensão sobre a outra são Smolka et al. As pesquisas realizadas por esses investigadores indicam que a constituição do sujeito acontece, dialeticamente, no funcionamento interpsicológico e não apenas em situações de intersubjetividade.

Deixam claro que a constituição do sujeito não se esgota no privilégio de aspectos intrapsicológicos ou interpsicológicos, mas no processo dialético de ambos, e ainda, o que é mais expressivo, a constituição do sujeito acontece pelo outro e pela palavra em uma dimensão semiótica. Sendo a palavra e o signo polissêmicos, a natureza e a gênese do processo de constituição do sujeito implicam, necessariamente, o diferente e o semelhante.

Ainda, se o sujeito é constituído semioticamente – pelo outro/ pela palavra – e se o signo é fundamentalmente polissêmico, a natureza do processo de constituição precisa significar o diferente, não somente o semelhante (SMOLKA et al., 1995).

Neste universo de discussão, centralizado na concepção da constituição semiótica do sujeito, ele constitui-se pelo outro e pela linguagem por meio dos processos de significação e dos processos dialógicos, rompendo com a dicotomia entre sujeito e social, entre o eu e o outro. A alteridade aparece como fundamento do sujeito, e o sujeito como a questão molecular na obra de Vygotsky.

Góes (1993) aceita a complexidade na composição teórica da análise da constituição do sujeito que pressupõe, ao mesmo tempo, a intersubjetividade constitutiva e a singularidade do sujeito, pois somente assim será possível superar a concepção do sujeito abstrato, tanto do modelo universal quanto do modelo das diferenças individuais, ambos presentes tradicionalmente na psicologia.

A concepção da constituição do sujeito em uma dimensão semiótica não ignora a individualidade nem a singularidade, mas atribui novos significados, quais sejam, a individualidade como um processo e socialmente construída, a singularidade como uma conjugação que envolve elementos de convergência e divergência, semelhanças e diferenças, aproximação e afastamento em relação ao outro, e o sujeito como uma composição não harmônica dessas tensões e sínteses:

> [...] a partir do funcionamento intersubjetivo, a constituição do sujeito na sua singularidade, a qual envolve diferenças e semelhanças frente ao outro, movimentos de aproximação e afastamento do outro, posturas de convergência e divergência em relação ao outro. O sujeito é uma composição, nada uniforme e regular, dessas tensões e sínteses. E, concebido em tais termos, ele é o objeto e, ao mesmo tempo, o desafio da psicologia neste momento (GÓES, 1993: 5).

Nesta perspectiva, Pino (1993) esboça o processo de significação em três momentos, que são articulados pela gestualidade. Para realizar essa análise, apoia-se no livro de Wallon, *De l'acte à la pensée*, que trata da imitação e da representação.

Coloca que no primeiro momento acontece um processo de participação fusional do "eu" no "outro", no qual o "eu" perde-se no "outro". No segundo momento, pelo processo dialético de negação e reconhecimento o "eu" se constituiu em sujeito, e é para o sujeito o significante da própria subjetividade. E, no terceiro momento, em consequência da oposição e reconhecimento do "outro" como um "não eu" surge a consciência da própria subjetividade, jamais como "eu" isolado, mas "eu" da relação "eu-outro".

Neste processo de significação, o eu, ao se constituir sujeito, torna-se para o sujeito o significante da própria subjetividade. A consciência da própria subjetividade aparece na relação eu-outro, tal como compreendida e demonstrada acima; neste sentido, a consciência da subjetividade e a penetração no universo da significação somente acontece no campo da intersubjetividade, configurado como o lugar do encontro e do confronto e como o palco de negociações dos mundos de significação privados e públicos.

> [...] campo da intersubjetividade, entendida como lugar do encontro, do confronto e da negociação dos mundos de significação *privados* (ou seja, de cada interlocutor) à procura de um espaço comum de entendimento e produção de sentido, mundo *público* de significação (PINO, 1993: 22).

Esta noção de intersubjetividade se diferencia da noção de intersubjetividade de Wertsch (1988). Aqui a intersubjetividade propicia o acontecimento que pode ser dos mais diversos modos; já em Wertsch encontra-se um modelo ideal de intersubjetividade a ser atingido na relação entre o adulto e a criança, na qual o adulto estabelece o modelo da relação e o nível de intersubjetividade desejado.

Pino e Góes na apresentação de *Pensamento e linguagem: estudo na perspectiva da psicologia soviética*, observam que a intersubjetividade para Góes (1991: 8)

> não é o plano do outro, mas o da relação com o outro. A intersubjetividade é inter-relação, é interação. [...] Dessa forma, o mundo é o lugar de constituição da subjetividade.

Para Pino (1991), no mundo sócio-histórico não se pode ignorar nem a ordem imaginária nem a ordem simbólica. Sendo a ordem simbólica uma produção do imaginário social da sociedade, é, também, constituinte do homem como indivíduo social; desta forma, as representações da ordem imaginária são constitutivas da subjetividade, sendo que há representações do sujeito e, principalmente, representações no sujeito.

Pino (1991; 1992; 1993) e Góes (1991; 1992; 1993) estão evidenciando a complexidade da constituição do sujeito e da constituição da subjetividade, e a importância da participação do outro na constituição do sujeito e da subjetividade. A participação do outro acontece em um cenário de agitação, conflito, produção permanente, diferenças, semelhanças e tensões, ou seja, em um cenário constituinte e constituído de significações, isto é, no mundo de significações.

Referem-se à constituição do sujeito e constituição da subjetividade, mas qual o significado do termo constituição? Para significar este termo consideram duas palavras, que são: mutualidade e organização semiótica:

> Apoiados nas contribuições de Vygotsky, podemos facilmente concordar com a ideia de que a constituição é marcada por mutualidade e, ademais, por organização semiótica. [...] tomando a realidade social como *constitutiva* do individual, como *reciprocamente constituída* pelo individual e, ao mesmo tempo, como apenas *limitadamente determinante* do individual (GÓES, 1992: 339-340).

A constituição implica a reciprocidade, a mutualidade e organização semiótica; neste sentido, um participa do outro no acontecimento social que, para Smolka (1992), acontece na dinâmica dialógica, ou seja, os sujeitos no mundo são constituídos sujeito do e no discurso.

Mas, esta dinâmica dialógica não é apenas face a face, ela acontece, também, na ordem da intersubjetividade anônima, pois a significação não é propriedade nem das coisas e nem de suas representações, a significação pertence à ordem da intersubjetividade anônima, conforme aponta Pino (1992):

> Constituinte do signo e, portanto, da ordem simbólica – ambas produções sociais –, a *significação* não pertence nem à ordem das coisas nem à das suas representações, mas à ordem da intersubjetividade anônima, em que, ao mesmo tempo que é por ela constituída, é constituinte de toda subjetividade (PINO, 1992: 322).

A subjetividade, a intersubjetividade e a intersubjetividade anônima são constituintes e constituídas reciprocamente.

A perspectiva de Smolka et al. configura-se como uma possibilidade em construção de uma compreensão diferenciada da constituição do sujeito e da subjetividade, que recupera o fundamental da teoria vygotskyana, que é a dialética e a mediação semiótica, superando, assim, reducionismos e aprisionamentos do sujeito e da subjetividade.

No estudo dos diferentes modos de conceber a constituição do sujeito nos autores trabalhados como Valsiner, Wertsch, Smolka, Góes e Pino, uma questão encontra ressonância, qual seja, o reconhecimento de que a constituição do sujeito está necessariamente vinculada à participação do outro. Neste aspecto, os autores concordam entre si; o que se torna polêmico é o modo de participação e de funcionamento do outro na constituição do sujeito.

Neste sentido, pode-se dizer que o modo de participação e de funcionamento do outro na constituição do sujeito é uma tematização em emergência, entre os estudiosos de Vygotsky.

Até o presente momento foram analisados os diferentes modos de conceber a constituição do sujeito, ou seja, como os autores concebem o sujeito, considerando a relação entre os aspectos intrapsicológicos e interpsicológicos. Valsiner, enfatizando a dimensão intrapsicológica, cria a "cultura pessoal"; Wertsch, priorizando a dimensão interpsicológica, aborda os mecanismos semióticos dirigindo-se a um nível de intersubjetividade harmoniosa e ideal; Smolka et al., analisando a relação dialética das dimensões inter e intrapsicológicas, para além da intersubjetividade, evidenciam a gênese e a natureza da dimensão semiótica.

A exposição, a seguir, mostrará como os diferentes autores consideram o tratamento dispensado por Vygotsky à questão do sujeito, ou seja, quais são as concepções de sujeito em Vygotsky. Considerando que, para alguns autores, Vygotsky ignorou essa questão, e para outros, essa é a questão fundamental.

4. A concepção de sujeito interativo

Góes (1991) identifica, na elaboração teórico-metodológica de Vygotsky, o sujeito interativo que se diferencia do paradigma do sujeito passivo e do paradigma do sujeito ativo. Para tanto, faz diversas considerações sobre a teoria vygotskyana, entre elas, que a dimensão intersubjetiva não é a dimensão do outro mas a dimensão da relação com o outro, que o processo de internalização não é mera reprodução ou cópia, que existe dependência mútua entre os planos inter e intrassubjetivos, e que esses processos acontecem pela mediação social.

Se o plano intersubjetivo não é o plano do outro mas o da relação com o outro, se o reflexo do plano intersubjetivo sobre o intrassubjetivo não é de caráter especular e se as ações internalizadas não *são* a reprodução de ações externas mediadas socialmente, então o conhecimento do sujeito não é dado de fora para dentro, suas ações não são linearmente determinadas pelo meio nem seu conhecimento é cópia do objeto. Não se trata, pois, de um sujeito passivamente moldado pelo meio. Por outro lado, posto que há uma necessária interdependência dos planos inter- e intrassubjetivo, a gênese de seu conhecimento não está assentada em recursos só individuais, independentes da mediação social ou dos significados partilhados. O sujeito não é passivo nem apenas ativo: é *interativo* (GÓES, 1991: 20-21).

Assim, define-se a postura sociointeracionista da teoria de Vygotsky, colocando os dois aspectos fundamentais para isso: o conhecimento é construído na interação entre sujeito e objeto e a ação do sujeito sobre o objeto é socialmente mediada.

Davis (s.d.) também se refere à teoria de Vygotsky como "sociointeracionista", na qual o processo de conhecimento possui uma dinâmica interativa, ocorrendo na interação do sujeito com o objeto, sempre mediados socialmente. Porém, a autora problematiza a noção de interacionismo, afirmando que no sentido estrito do termo Vygotsky não pode ser qualificado como tal, pois não definiu a contribuição do sujeito para a transformação de seu meio, consequentemente, Vygotsky não elaborou adequadamente o papel do sujeito na sua teoria.

Cabe pois, nesse momento, precisar o que se entende por "interacionismo": uma abordagem que, em psicologia, estuda as trocas que se estabelecem entre o homem e o mundo em que este vive, elucidando, de um lado, o impacto do sujeito sobre o meio e, de outro, o papel desse meio na construção do sujeito. Neste caso, ao se adotar rigidamente essa definição, verifica-se, como se pretende demonstrar, que nem Piaget, nem Vygotsky podem ser qualificados como autores "interacionistas", visto haver, em uma e outra teoria, lacunas grandes, seja sobre a contribuição do sujeito para a transformação de seu meio (como é o caso de Vygotsky), seja daquela do meio, para a constituição do sujeito (como é a situação em Piaget) (DAVIS, s.d.: 3).

Para Davis, Vygotsky acaba privilegiando a dimensão social, embora considere tanto o polo do sujeito quanto do objeto, como as interações entre eles.

No entanto, no mesmo trabalho, ela faz uma afirmação a respeito da concepção de sujeito em Vygotsky, qual seja, a de que o sujeito é interativo, isto é, é na e pela interação com os outros sujeitos que o sujeito se constrói:

Vygotsky, por sua vez, não vê a criança, nem como alguém passivo, nem como alguém simplesmente ativo, que por intermédio de suas ações constrói seu conhecimento e a si mesmo. Sua concepção de criança vai além: ela é *interativa*. [...] É, portanto, *na e pela interação* com outros sujeitos humanos que formas de pensar são construídas, via apropriação/internalização do saber e do fazer da comunidade em que o sujeito se insere (DAVIS, s.d.: 4-5).

Assim, parece que Davis, referindo-se ao autor que critica, levanta suspeitas de sua própria crítica, esclarecendo que a contribuição do sujeito à comunidade é constituída na e pela interação com os outros sujeitos humanos, pois se o sujeito se apropria e internaliza o saber e o fazer, isso não fica armazenado no sujeito, e nem o sujeito é uma reprodução autêntica da comunidade.

E a autora faz um comentário esclarecedor a respeito disso, resgatando que a intencionalidade de Vygotsky na compreensão do sujeito articulava tanto o projeto de construção de uma nova psicologia quanto o projeto de construção de uma nova sociedade. Dentro disso, Vygotsky acreditava que é na e pela interação humana que ocorre a construção do sujeito, mas essa interação acontece em situações concretas de vida.

No entanto, a crítica a Vygotsky persiste na leitura de Davis; crítica à lacuna existente na sua obra sobre a contribuição e o papel do sujeito.

Outros autores concordam com a dimensão interacionista e construtivista em Vygotsky, mas apontam a falta de compreensão do papel, tanto do sujeito quanto dos mecanismos e processos atuantes nos vários níveis de desenvolvimento psicológico, ou seja, nos níveis interpsicológico, intrapsicológico e na transição entre esses dois níveis, como pode ser visto em Leite (1991):

Em Vygotsky, a dimensão *interacionista* está bem-definida, e o meio sociocultural a que se refere, suficientemente caracterizado. Permanece, entretanto, lacunar um estudo aprofundado do papel, tanto do sujeito quanto dos mecanismos e processos que atuam nos níveis interpsicológico, intrapsicológico e na passagem entre esses dois planos (LEITE, 1991: 30).

Com relação à crítica à lacuna sobre os mecanismos e processos do funcionamento interpsicológico, intrapsicológico e da transição entre estes níveis de funcionamento, Wertsch (1988) menciona que Vygotsky, ao trabalhar na explicação da fala egocêntrica e da fala interna, analisou quase que exclusivamente o funcionamento intrapsicológico.

No entanto, Wertsch (1988) considera que Vygotsky, ao abordar a gênese social dos processos psicológicos superiores, referiu-se basicamente ao funcionamento interpsicológico, já que concebia que tudo era interpsicológico antes de ser intrapsicológico. Além disso, Vygotsky formulou um mecanismo de passagem do nível interpsicológico para o nível intrapsicológico, conhecido como o mecanismo de internalização das funções psicológicas superiores.

Neste sentido, Wertsch pressupõe que Vygotsky tenha trabalhado com o funcionamento intrapsicológico e interpsicológico e com a passagem desses níveis no mecanismo de internalização das funções psicológicas superiores.

5. A concepção de sujeito semiótico

Wertsch (1988) identifica o sujeito semiótico em Vygotsky, mas considera não suficiente a análise realizada por Vygotsky sobre os mecanismos semióticos que fazem a passagem do nível interpsicológico para o intrapsicológico.

Motivado por essa lacuna de Vygotsky, Wertsch se dedica à análise do funcionamento interpsicológico, como já demonstrado neste capítulo.

A grande contribuição que Wertsch (1988) traz em relação à concepção de sujeito em Vygotsky é a de ressaltar a questão primordial da mediação semiótica. Ele considera que a riqueza de

Vygotsky está em analisar a relação genética entre os processos individuais e sociais por meio dos processos semióticos, especialmente da linguagem, isto é, conceber o desenvolvimento em função da criação e transformação das formas de mediação e das formas de semiotização.

> [...] Vygotsky define o desenvolvimento em termos de aparição e transformação das diversas formas de mediação e sua noção de interação, e sua relação com os processos psicológicos superiores implica necessariamente os mecanismos semióticos (WERTSCH, 1988: 33).

Esta análise da contribuição de Vygotsky, fundamentalmente na noção de mediação e, especialmente, na noção de mediação semiótica, levando ao reconhecimento do sujeito semiótico, é endossada por Kozulin (1994). Este afirma que a análise de Vygotsky comporta e diferencia tanto o paradigma da ação instrumental material quanto o conhecimento cultural vinculado à comunicação intersubjetiva. Desta maneira, Vygotsky concebe a prática humana atribuindo significado à produção material e à produção cultural.

> [...] Vygotsky distinguia entre a conduta propositivo-racional, marcada no paradigma da ação instrumental material, e o conhecimento cultural que depende da comunicação intersubjetiva e que pode ser captada na troca de *significado* das palavras. A prática se divide, então, em produção material e produção cultural humana. Quando Vygotsky recordava a seus leitores que um poema lírico é um experimento psicológico acabado, quer dizer, um "cepo" para alcançar funções psicológicas, obviamente referia-se a um tipo de prática que não pode se derivar da ação instrumental material (KOZULIN, 1994: 108-109).

A concepção de sujeito em Vygotsky, vista por Wertsch (1988) e Kozulin (1994), é o sujeito semiótico. Para esses autores, Vygotsky não se limitou ao paradigma da ação instrumental material, mas concebeu o sujeito, também, no paradigma da produção cultural, ou seja, da comunicação intersubjetiva. Para eles, Vygotsky ultrapassou a interpretação marxista clássica da prática como produção material.

Porém, Kozulin (1994) salienta que algumas leituras da concepção de sujeito em Vygotsky se restringem ao paradigma da produção material, e exemplifica com a teoria da atividade psicológica de Leontiev, na qual a comunicação interpessoal é entendida como secundária em relação à interação com o mundo, mediado pelos instrumentos técnicos.

De acordo com Kozulin (1994), Leontiev ao evitar a discussão psicológica da mediação semiótica limitou-se à "verborreia ideológica" sobre a alienação do psiquismo no capitalismo e o livre desenvolvimento da vida mental no socialismo. Além disso, a teoria da atividade foi elevada por Leontiev à categoria de princípio explicativo universal, com isso os fenômenos da atividade humana são explicados pelo princípio da atividade. Desta forma, a teoria da atividade de Leontiev falha justamente no que Vygotsky advertiu no texto "O significado histórico da crise da psicologia – Uma investigação metodológica".

Ao rechaçar a mediação semiótica e insistir no papel dominante das ações práticas, Leontiev viu-se obrigado a elaborar uma conexão entre as categorias marxistas de produção e objetivação, e a categoria psicológica da ação (p. 239). [...] No contexto da autocrítica atual dos marxistas soviéticos desencadeada pela *glasnost*, o "sermão" de Leontiev resulta verdadeiramente patético (p. 240). [...] A teoria da atividade de Leontiev, elevada à categoria de doutrina psicológica geral, tropeçava nos problemas sobre os quais Vygotsky havia advertido nesse trabalho. A noção de atividade se usava ao mesmo tempo como princípio explicativo e como objeto da investigação psicológica. Os fenômenos da atividade humana se explicavam fazendo referência ao princípio de atividade (KOZULIN, 1994: 241).

De acordo com Kozulin, uma leitura diferenciada da teoria vygotskyana prioriza a linguagem e os mediadores semióticos, sendo que esses mediadores semióticos não são independentes da realidade material e da prática humana, mas possibilitam a construção simbólica da realidade concreta no sujeito.

Uma "leitura" alternativa da teoria de Vygotsky – empreendida recentemente – centra-se no papel da linguagem e outros mediadores semióticos. Estes mediadores, ainda sendo dependentes do sistema geral da prática humana, possuem a notável capacidade de tornarem-se independentes deste sistema para criar sua própria construção simbólica da realidade (KOZULIN, 1994: 109).

Tal qual Kozulin (1994) e Wertsch (1988), Rivière (1988) salienta que a ênfase nos fenômenos semióticos, na esfera simbólica e comunicativa da atividade humana, na constituição do sujeito, é um traço característico de Vygotsky.

No entanto, Rivière (1988) declara que Vygotsky concebe o sujeito como um resultado da relação, a consciência como um resultado dos signos e as funções superiores como resultado da comunicação. O sujeito não se faz de dentro para fora. Não é um reflexo passivo do meio nem um espírito prévio ao contato com as coisas e as pessoas. Pelo contrário, *é um resultado da relação*. E a consciência não é, por assim dizer, um manancial originário dos signos, e sim, é um resultado dos próprios signos. As funções superiores não são somente um requisito da comunicação, mas sim, são um resultado da própria comunicação (RIVIÈRE, 1988: 41-42).

E em outro momento Rivière afirma que o sujeito é um "destilado" da relação social, focalizando a construção social do sujeito e da consciência na ideia da consciência como "contato social consigo mesmo", e na noção da privacidade ou da subjetividade como tendo uma condição paradoxal, qual seja, o prévio desdobramento. Coloca a possibilidade do próprio sujeito construir sua própria consciência e construir-se como sujeito nas pautas de relação interpessoal:

> O é porque a construção do sujeito e de sua consciência é, em si mesma, uma construção social (voltamos de novo à ideia da consciência como "contato social consigo mesmo"), e porque a *privacidade* (ou, se quiserem, a subjetividade) tem como condição paradoxal o prévio desdobramento. Por isso podemos dizer que quando a criança fala a si mesma (reproduzindo, em princípio, as pautas de relação significativa com as demais), está construindo sua consciência e elaborando-se como sujeito [...] (RIVIÈRE, 1988: 87).

Embora Rivière acredite que a dimensão simbólica e comunicativa seja constituidora do sujeito semiótico em Vygotsky, ele continua afirmando que o sujeito é o resultado da relação, mas como pode ser resultado se é permanentemente constituído?

Pino (1992), analisando a interpretação de Vygotsky da origem social das funções psicológicas, observa que a constituição do sujeito acontece na relação constitutiva eu-outro, mas eu-outro como lugares simbólicos e não entidades cristalizadas. Isto é, acontece na intersubjetividade significativa constituída pelo eu-outro e reciprocamente constituinte do eu-outro, em uma relação dialética.

> Ele coloca, assim, a questão da reconstituição das funções mentais em cada indivíduo em termos da relação constitutiva eu-outro, fundamento histórico da intersubjetividade humana. Trata-se de uma relação dialética que dialetiza todos os fenômenos envol-

vidos nela. A relação eu-outro, entendidos ambos não como realidades individuais mas como *lugares simbólicos*, define o espaço de um mundo *público* feito do encontro de mundos privados que, no movimento que os opõe e nega, se constituem mutuamente. Dois universos em cuja "interseção não vazia" tem lugar a *intersubjetividade* (PINO, 1992: 325).

Oliveira (1992b), abordando a autonomia do sujeito na perspectiva vygotskyana, apresenta três elementos para análise. O primeiro, "a relação entre o indivíduo e sua cultura"; o segundo, "a configuração absolutamente particular da trajetória de vida de cada indivíduo", e o terceiro, "a natureza das funções psicológicas superiores" (p. 105).

Nesta análise, concebe o indivíduo como único, considerando que por meio da consciência, da vontade e da intenção constrói seus significados e recria sua cultura.

Oliveira (1992a) coloca que a consciência, a vontade e a intenção fazem parte da esfera da subjetividade; afirma a subjetividade como uma dimensão humana fundamental para Vygotsky e lamenta que a temática da subjetividade não esteja na pauta de discussões sobre o pensamento do autor. Ela é um dos raros autores que dedica um subtítulo à "Subjetividade e intersubjetividade", declarando que a constituição da subjetividade ocorre a partir de situações de intersubjetividade pelo processo de internalização.

> Neste sentido, o processo de internalização, que corresponde, como vimos, à própria formação da consciência, é também um processo de constituição da subjetividade a partir de situações de intersubjetividade (OLIVEIRA, 1992a: 80).

Constata-se a ideia da intersubjetividade constitutiva da subjetividade, a intersubjetividade como relações interpessoais densas e possibilitadas pela mediação simbólica, sendo que a linguagem desempenha papel central na constituição do sujeito.

Jobim e Souza (1994) solidariza-se com a compreensão da linguagem na constituição da subjetividade e na constituição dos processos psicológicos superiores em Vygotsky, e ressalta o papel fundamental da linguagem através das significações, chegando a eliminar o indizível da linguagem.

> Quer seja através da sensível expressão literária de Clarice, da filosofia da linguagem de Benjamin, quer da teoria psicológica de Vygotsky, podemos apreender, com igual profundidade, aquele

momento da vida em que o indizível pode ser experimentado como algo superlativamente dizível (JOBIM & SOUZA, 1994: 152).

Buscando o indizível e o dizível na linguagem dos pesquisadores atuais sobre a concepção de sujeito em Vygotsky, a posição de Freitas (1994) é significativa, pois ela analisou os diferentes leitores e as diferentes leituras de Vygotsky, afirmando que ele foi interpretado de maneira diferente, inclusive na Rússia, onde o stalinismo identificou-o como "um idealista por valorizar a consciência e a subjetividade" (p. 128).

Neste sentido, há diversas leituras de Vygotsky, e diferentes sujeitos são identificados em Vygotsky, quais sejam, o interativo e o semiótico. O sujeito interativo, que não é o sujeito passivo nem o sujeito ativo, mas construído na e pela interação com os outros e nas pautas de relação interpessoal. O sujeito semiótico, aquele constituído na e pela linguagem, sendo que apareceu como resultante da relação e como sujeito constituído na relação eu-outro, em uma relação dialética.

A identificação desses diferentes sujeitos na obra de Vygotsky está estritamente determinada pelo reconhecimento ou não do caráter dialético da teoria vygotskyana e do modo como os autores lidam com os referentes das reflexões de Vygotsky.

Vygotsky foi considerado o mais dialético dos membros da *Troika*, mas o caráter dialético da teoria vygotskyana não é visto por todos os seus críticos, o que explica, inclusive, o debate entre os estudiosos de Vygotsky sobre a concepção de sujeito e de subjetividade, assim como a existência ou não da lacuna sobre o papel e a contribuição do sujeito em sua obra.

6. Referentes das reflexões vygotskyanas

Siguán (1987) afirma que para compreender a obra de Vygotsky é necessário não renunciar à sua base conceitual filosófica e ideológica, é preciso não esquecer sua intenção na procura de uma explicação do homem que considerasse a natureza biológica e a natureza social e, ainda, não desconsiderar a busca científica de Vygotsky por uma interpretação do comportamento humano que respeitasse a singularidade do homem.

Mas, também é fundamental que se reconheça a dificuldade de trabalhar com a obra de Vygotsky, considerando a complexidade do pensamento e, especialmente, o fato de ele ter rompido com as regras convencionais, como observa Kozulin:

As posturas de Vygotsky não eram fáceis de classificar. Boa parte de seus contemporâneos havia se acostumado ao sistema de identificação intelectual baseado na lealdade de grupo. Em lugar de indagar sobre as ideias de uma pessoa, perguntavam a que grupo ou classe pertencia. Nesse sentido, Vygotsky rompeu todas as regras (KOZULIN, 1994: 230).

Como trabalhar com um autor que rompeu todas as regras? Alguns críticos buscaram uma identidade profissional para Vygotsky. Wertsch (1988) faz a distinção entre o Vygotsky metodólogo e o Vygotsky psicólogo. Davydov e Radzikhovskii (1985 apud WERTSCH, 1988) e Rivière (1988) também utilizam essa distinção.

Vale esclarecer que o sentido atribuído ao metodólogo, na Rússia antiga, implicava o conhecimento profundo da história da psicologia e acima de tudo ser um filósofo da ciência. Vygotsky é identificado como metodólogo ao elaborar a explicação geral da ontogênese da consciência humana a partir da inter-relação das forças naturais e sociais, e como psicólogo pelo fato de dedicar-se ao desenvolvimento do ser humano na perspectiva social.

Wertsch (1988) refere-se a Vygotsky, também, como psicólogo e semiólogo, mas psicólogo evolutivo ou da educação. Rivière (1988), concordando com Wertsch, diz que Vygotsky não era um psicólogo profissional, mas metodólogo, semiólogo e crítico, especialmente filósofo e semiólogo. Schedrovitskii (1982 apud RIVIÈRE, 1988) defende que o sucesso de Vygotsky na reconstrução da psicologia estava vinculado à sua não formação em psicologia.

Desta forma, este tratamento diferenciado em que, em determinados momentos, fazem referência a Vygotsky como metodólogo e em outros momentos como psicólogo, trouxe consequências para o entendimento da proposta do autor, para a compreensão do arcabouço teórico-metodológico, tal como pode ser observado nas diferentes leituras de Vygotsky.

Um caminho para entender a origem e a natureza das ideias de Vygotsky é fazer a composição de seu pensamento, a constelação das influências que configuraram a singularidade de Vygotsky.

Este trabalho foi realizado por diversos autores, de forma diferente, estando elas relacionadas com as diferentes leituras da obra do autor.

A composição de influências está baseada nos autores relacionados, e encontra-se nas páginas referidas das obras dos mesmos.

Autores

Influência	Kozulin (1994)	Van der Veer e Valsiner (1991)	Páes e Adrián (1993)	Wertsch (1988)	Siguán (1987)	Rivière (1988)
		Número das páginas das obras dos referidos autores				
Baldwin		58, 64, 193-194, 317			15	
Darwin		50, 191, 198, 219		72	15	
Durkheim	119, 122-125, 128	191, 206				
Engels		148, 191, 197-200		46, 93, 206	14	16, 39-41, 45, 54
Espinosa		7, 191, 239-241, 349, 356, 359	48, 50	208, 209	14	16
Freud	13	97-103				
Halbwachs	123-125					
Hegel	27-30, 119-121	5, 26, 31	61		14	16
Heinz Werner	119	192		72	15	45, 51
Humboldt	14, 31-32	367				
Janet		58, 64, 317		107	15	
K. Buehler	150	157, 191, 219		108		45
Koehler	14, 150-151	157, 161, 166, 167, 191, 194, 203, 204		45		45, 50
Koffka		156, 158, 173, 174, 191				

Autores

Influência	Kozulin (1994)	Van der Veer e Valsiner (1991)	Páes e Adrián (1993)	Wertsch (1988)	Siguán (1987)	Rivière (1988)
		Número das páginas das obras dos referidos autores				
Kurt Lewin	146, 199	156, 169, 172-180		199		45
Lenin				196		16, 39, 45, 82
Levy-Bruhl	125	191, 207-210			15	45, 51
Marx	13, 30	52, 54, 148, 191, 197-200	61	46, 75, 77, 93, 194, 196, 207	14	16, 45
Pavlov		219		97, 105		45, 74
Potiebniá	30-32	5, 148		98, 100		15
Sapir	92			110		45
Stanislavsky	13, 40	370				
Thurn Wald		191, 210-216				45
W. Stern	150	315				150
Wagner		194-197				45
Yakubinskii	46-47	368		12, 97, 101-104, 126, 135		

Kozulin (1994) evidencia a fonte hegeliana nas elaborações teóricas de Vygotsky, especialmente na questão da mediação, e sinaliza a problemática judaica em Vygotsky. Vygotsky era judeu e desde a adolescência ministrava palestras sobre os problemas da cultura judaica baseando-se na análise hegeliana das leis da história.

> Vygotsky tentou combinar o problema da cultura judaica com um enfoque hegeliano das leis da história. Segundo um de seus amigos do instituto, Hegel foi provavelmente um dos amores intelectuais mais importantes do jovem Vygotsky [...] (KOZULIN, 1994: 27).

Considerando que a principal fonte filosófica de Vygotsky é Hegel, Kozulin (1994) esboça as principais ideias do sistema hegeliano. Para tanto, refere-se às obras: *Introdução à filosofia da história*, de Hegel; *Razão e revolução: Hegel e a ascensão da teoria social*, de Herbert Marcuse; *Introdução à leitura de Hegel*, de Alexandre Kojève, e ao Prefácio da *Fenomenologia do espírito*, de Hegel.

A partir da síntese do sistema hegeliano, Kozulin (1994) identifica semelhanças na maneira de Vygotsky formular e tentar resolver as questões científicas com o sistema de Hegel, e exemplifica na obra "O significado histórico da crise da psicologia – Uma investigação metodológica", escrita em 1926 e 1927 por Vygotsky. Nela, Vygotsky definiu a psicologia como a ciência do homem histórico, articulando as concepções hegelianas e marxistas sobre o ser humano:

> Além disso, a ênfase de Hegel sobre a natureza histórica do ser humano, reforçada pela teoria marxista, alimentou substancialmente a ideia vygotskyana de que a psicologia é a ciência do homem *histórico*, e não a do homem abstrato e universal. As análises de Hegel e de Marx sobre o papel do trabalho na história do homem também encontraram em Vygotsky um leitor receptivo. A noção vygotskyana de "instrumentos psicológicos" funde suas raízes na ideia hegeliana de que o trabalho, junto com a transformação do mundo das coisas, provoca a transformação da consciência humana (KOZULIN, 1994: 30).

Nesse sentido, Kozulin ressalta a influência das concepções de Hegel e Marx no pensamento de Vygotsky, através do papel do trabalho na historicidade do homem, e, especialmente, do papel dos instrumentos psicológicos na constituição do homem e na transformação da consciência humana. Considera que a influência da dialética hegeliana direcionou Vygotsky para o estudo da gênese e desenvolvimento dos processos psicológicos, isto é, orientou-o na busca da origem dos processos psicológicos superiores.

Na análise do problema da mediação, Kozulin (1994) afirma que Vygotsky reconheceu a influência do sistema hegeliano em dois momentos. Primeiro, na análise dos instrumentos psicológicos, ao considerar que Hegel atribuía à mediação (*Vermittlung*) a característica fundamental da razão humana. Segundo, ao modelar o desenvolvimento dos processos psicológicos superiores no desenvolvimento histórico, fundamentando-se no pressuposto hegeliano da identidade dos contrários tal como analisado por Hegel na dialética da relação senhor e escravo.

Kozulin (1994) assinala a dependência de Vygotsky ao sistema hegeliano, em particular à noção de mediação, colocando que Vygotsky utilizou a noção de mediação de Hegel em três classes de mediadores: signos e instrumentos, atividades individuais e relações interpessoais.

Porém, observa que na elaboração da natureza social do conhecimento humano Vygotsky trouxe contribuições próximas de Durkheim e de Halbwachs na noção de memória coletiva, além de tantas outras influências de psicólogos, poetas, filósofos, filólogos...

Rivière (1988) e Wertsch (1988) reconhecem Vygotsky como um teórico marxista que ampliou a noção de Engels de mediação instrumental para as ferramentas psicológicas, diferenciando ferramentas técnicas de produção e instrumentos psicológicos ou signo.

Rivière (1988) defende que uma das originalidades de Vygotsky estava em "converter as afirmações filosóficas de Engels em hipóteses genéticas concretas, que podiam ser instrumentos conceituais básicos para os psicólogos" (p. 41).

De acordo com Rivière (1988), além da influência do método de Marx – a análise genética e as unidades de análise –, das teses de Engels – sobre a mediação das ferramentas –, em especial, a obra *Dialética da natureza*, publicada em 1925, na então União Soviética, e dos cadernos filosóficos, de Lenin, editados de 1929 a 1930, estava o pensamento dialético e historicista de Hegel e a filosofia de Espinosa, um pensador que o impressionava e que era seu favorito.

Para Siguán (1987), Vygotsky era um profundo conhecedor de Marx e Engels, mas acima destes dois autores estava a dialética de Hegel, que era sua fonte filosófica, e a filosofia de Espinosa.

Páez & Adrián (1993) apontam a influência da teoria das emoções, de Espinosa, em Vygotsky.

Van der Veer (1987) coloca que Vygotsky reconheceu a importância da *Ética*, de Espinosa, na elaboração da explicação causal e determinista dos processos psicológicos. Absorveu de Espinosa a unidade do corpo e da alma, ou seja, incorporou a visão monista e determinista do mundo em contraposição ao dualismo de Descartes.

Vygotsky sustenta que a origem de uma forma mais aceitável de explicação causal pode ser extraída da *Ética*, de Espinosa, cuja leitura lhe impressionou vivamente e de quem pensava que suas ideias "cortam o cristal como o diamante" (p. 95). [...] Podemos concluir que Espinosa, criticando a Descartes, desejava estender o enfoque determinista e abandonar o dualismo. Isto foi muito importante para Vygotsky, que se esforça em uma explicação causal-determinista dos processos psicológicos superiores e não aceita o abismo entre processos emocionais superiores e inferiores (VAN DER VEER, 1987: 96).

Iarochevsky (apud VAN DER VEER, 1987: 97) também evidencia a influência de Espinosa em Vygotsky; no entanto, acusa Vygotsky de determinismo histórico-social por enfatizar a linguagem, sendo esta determinada pelo meio sociocultural.

Entretanto, Oliveira (1992c) enfoca alguns equívocos na interpretação do pensamento de Vygotsky, esclarecendo que a "ênfase na dimensão sócio-histórica do desenvolvimento humano não implica determinismo cultural" (p. 67).

Wertsch (1988), em diversos momentos de sua análise, pontua as raízes marxistas de Vygotsky, porém acentua as divergências de Vygotsky com relação à teoria marxista, principalmente no papel da linguagem, na ênfase à mediação semiótica, na dimensão simbólica e comunicativa. Wertsch questiona o fato de um teórico dialético como Vygotsky, que pretendia fazer uma psicologia marxista, não ter usado categorias claramente marxistas como alienação, reificação, fetiche e nem apresentado uma análise das instituições sociais, limitando-se à compreensão restrita a pequenos grupos.

Ainda que os argumentos de Vygotsky sobre o papel da linguagem e as ferramentas como mediadores no desenvolvimento do trabalho se remontem aos escritos marxistas, especialmente os de Engels, a importância dada aos fenômenos semióticos é maior nos escritos de Vygotsky do que podemos encontrar no pensamento marxista (WERTSCH, 1988: 46).

Segundo Wertsch (1988), as ideias marxistas não foram a única sustentação da teoria vygotskyana, sendo que ele elogia esse caráter interdisciplinar de Vygotsky, mas atribui aos pressupostos marxistas o entendimento do indivíduo a partir das relações sociais, principalmente ao princípio postulado por Marx na VI tese sobre Feuerbach, sobre a origem social da consciência humana.

De acordo com Iarochevski e Gurguenidze (apud VYGOTSKY, 1996a), Lev S. Vygotsky é uma testemunha da experiência histórica de sua época, que soube compreender a veracidade do marxismo no pensamento filosófico universal, assim como toda a grande tradição filosófica – Descartes, Espinosa, Hegel e Feuerbach – está representada no subtexto e/ou no texto de suas principais investigações, num posicionamento dialético e materialista.

Van der Veer & Valsiner (1991) analisam as diferentes influências no desenvolvimento do pensamento de Vygotsky, marcando as ideias marxistas, Marx e Engels, a dialética hegeliana, o evolucionismo de Darwin, as noções de alguns antropólogos como Lévy-Bruhl, Thurnwald, do sociólogo Durkheim, do filósofo Espinosa, e principalmente da psicologia da gestalt, em especial Kurt Lewin e Koffka. Assim, recuperam um Vygotsky mais próximo à teoria do desenvolvimento humano, sinalizando a influência de Janet, Baldwin, do pesquisador Koehler, de Wagner. Analisam também a relação com Freud, William James, Descartes e outros como Ribot, Binet e Claparède:

> Combinando essas ideias com várias sugestões feitas por Ribot, Binet, Claparède, Durkheim, e outros, Vygotsky tentou elaborar a ideia de que recursos culturais, principalmente a fala, eram vários sentidos, semelhantes a instrumentos (VAN DER VEER & VALSINER, 1996: 238).

Van der Veer e Valsiner, apesar de registrar a fonte marxista e hegeliana de Vygotsky, priorizam a influência da psicologia ocidental, especialmente da gestalt, e com isso fazem uma nova síntese da teoria vygotskyana. Tentam recuperar o sujeito, resguardam o sujeito desconsiderando o caráter dialético da teoria vygotskyana.

Para Van der Veer e Valsiner a síntese de influências de Vygotsky é bastante ampla, mas mesmo considerando a complexidade das possibilidades de dependência na composição de Vygotsky, o cientista é intelectualmente interdependente das inovações culturais e do contexto social, porém é, também, coconstrutor da cultura. Desta forma, Vygotsky foi além do *background* cultural de sua época.

Conforme Rivière (1988), durante o período na universidade Vygotsky sofreu a influência de Sergei Eisenstein sobre a teoria do cinema e questões estéticas. No período universitário de Vygotsky, predominava na Rússia o formalismo em crítica literária e em linguística, com isso realizavam críticas aos simbolistas, especialmente a Potebnia, que influenciou fortemente Vygotsky.

O movimento formalista russo caracterizava-se pela recusa categórica às interpretações extraliterárias do texto, pela crítica à metafísica e à religiosidade dos simbolistas russos. Os formalistas analisavam o imediato e o palpável, e os simbolistas buscavam no texto literário o inefável e o extraterreno. Vygotsky foi afetado tanto pelo formalismo quanto pelo simbolismo.

Vygotsky foi inspirado por Potebnia e Humboldt na compreensão da relação de pensamento e linguagem.

Rivière (1988) observa que Vygotsky teve acesso ao livro do linguista Alexander Potebnia, com o título *Pensamento e linguagem*, e que o livro escrito por Vygotsky, em realidade, era chamado de *Pensamento e fala*, embora tenha sido traduzido para o inglês e para o castelhano com o mesmo título que o de Potebnia.

Sofreu influência de alguns membros da escola formalista, como Yakubinski, na noção de abreviação e na diferenciação das funções da linguagem no diálogo e no monólogo, e também do seu primo David Vygodsky, que era um crítico literário formalista, apaixonado por poesia, teatro, semiologia, linguística... que eram paixões de Vygotsky.

A influência do simbolismo e do formalismo em Vygotsky pode ser observada na obra *Psicologia da arte*, de 1925.

Desta diversidade de referentes apontada pelos autores é possível sintetizar as fontes mais importantes.

Em síntese, pode-se afirmar que, apesar das particularidades, esses comentadores reconhecem que as ideias fundamentais, como a da gênese e natureza social da consciência, a origem social das funções psicológicas superiores, o papel dos instrumentos e da linguagem, e da atividade produtiva nos processos de humanização e hominização encontram inspiração em Marx, Hegel, Engels e Lenin.

Desta forma, o pressuposto básico da teoria vygotskyana é o trabalho possibilitando a hominização, isto é, o homem se constituindo pela atividade de trabalho.

Por meio do trabalho aconteceu uma dupla produção: a produção dos objetos culturais e a produção do próprio homem. O homem, no trabalho, ao transformar a natureza, imprimiu à natureza uma dimensão humana. Pelo trabalho ocorreu a passagem do biológico ao social, do natural ao humano-cultural, pois a atividade humana apresenta uma característica *sui generis*, qual seja, a atividade humana é uma atividade mediada socialmente, é uma atividade mediada semioticamente.

Além das fontes marxistas e hegelianas, os autores indicam a influência fundamental de Espinosa e dos linguistas simbolistas Potebnia e Humboldt e do linguista formalista Yakubinskii.

Também observam o interesse de Vygotsky pelos estudos do biólogo evolucionista Wagner, pela teoria darwiniana, pelo psicólogo evolutivo Heinz Werner e pelos antropólogos como Thurnwald e Lévy-Bruhl, pelo sociólogo Durkheim, pelas ideias de Janet, Baldwin e Piaget, psicólogos ocidentais como Kurt Lewin, Koffka, Wolfgang Kohler, William Stern, Karl Buehler e Charlotte Buehler.

Não esquecendo que Vygotsky adorava poesia: alguns de seus poetas favoritos eram Sasha Cherny, Fiodor Tjutchev, Aleksander Blok, Heine, Mandelstam, Aleksander Pushkin, Boris Pasternak, Ivan Bunin, as novelas de Dostoievski e Tolstoi e o teatro de Shakespeare e o diretor de teatro Stanislavsky.

Apesar de todas essas influências, Vygotsky não se confunde com seus interlocutores; teve algumas preferências, mas dialogou com todos sem endeusá-los, sem elevá-los ao caráter de ídolo.

Mas Vygotsky não apenas dialogou com os autores da sua época e com os psicólogos russos, ele teve interlocutores da tradição filosófica, considerando que os principais foram Hegel, Marx, Espinosa, Humboldt e Potebnia.

Estes interlocutores principais estão presentes na ênfase metateórica das reflexões críticas de Vygotsky, na importância do método dialético e na crítica ao dualismo subjetivo e objetivo, na postura contra o reducionismo biológico e o reducionismo cultural, e na relação entre pensamento e linguagem.

Além disso, estão evidentes na ausência de dicotomia entre teoria e prática, nos trabalhos de Vygotsky, pois na sua elaboração teórica revela-se o método, sendo que a metodologia permeia toda a construção conceitual e, consequentemente, na investigação empírica estão os pressupostos, os pré-requisitos e as possíveis alterações teóricas sustentadas pela prática que embasaram novas teorias.

Vygotsky defendia a revisão permanente de teorias e práticas, acreditando que as relações sociais impõem novas formas de mediação, dependentes da cultura em que estão inseridas, implicando na necessidade da compreensão de mecanismos e processos diferentes que constituem o sujeito em um momento determinado e em uma determinada cultura.

4. A SUBJETIVIDADE E O SUJEITO NA CONSTRUÇÃO DO CONCEITO DE CONSCIÊNCIA E NA DEFINIÇÃO DA RELAÇÃO CONSTITUTIVA EU-OUTRO

No capítulo anterior configuraram-se os principais pressupostos da teoria vygotskyana: a constituição do homem pelo trabalho, a gênese e natureza social da consciência, a origem social das funções psicológicas superiores, a atividade humana como atividade mediada socialmente e produtora de significados, ou seja, uma atividade mediada semioticamente, portanto, acontece no campo da intersubjetividade.

Partindo do princípio de que o sujeito e a subjetividade emergem na obra de Vygotsky, a questão a fazer é como o sujeito e a subjetividade aparecem na construção teórica do autor.

Para a leitura subtextual[1] serão analisados dois conceitos fundamentais da obra de Vygotsky e que apresentam permanência nos seus escritos: a noção de consciência e a noção da relação constitutiva eu-outro. Essas duas questões estão presentes desde o primeiro instante de sua entrada na psicologia até a interrupção de seu trabalho, ocasionada por sua morte prematura. Esses conceitos atravessam uma década (1924 a 1934) da vida teórica de Vygotsky, porém apresentam alterações nos seus significados.

Pela análise desses dois conceitos será possível resgatar a teoria vygotskyana e revelar suas reflexões sobre a constituição do sujeito e da subjetividade que passam por momentos de superação.

---

1. Sobre essa metodologia de pesquisa, leitura e análise do subtexto, cf. o apêndice.

1. A consciência como sistema de reflexos reversíveis

No texto "Os métodos de investigação reflexológicos e psicológicos" (1924; 1926; 1996b), a consciência é entendida como um entrelaçamento de sistemas de reflexos, ou seja, reflexo do reflexo, a consciência enquanto um mecanismo que suporta um sistema de reflexos. Mas a consciência não se confunde com o reflexo, não é um reflexo e nem um excitante, mas sim o mecanismo de transmissão entre sistemas de reflexos.

Vygotsky tentava sair do círculo reducionista das psicologias objetivistas do comportamento (reflexologia, reactologia, pavlovismo), porém sem cair na armadilha do subjetivismo e do idealismo.

Embora Vygotsky tenha conseguido dar um salto significativo na psicologia, neste momento, ainda estava bastante próximo da reflexologia, e inclusive acreditava na possibilidade de um estudo objetivo da consciência como um sistema de transmissão entre sistemas de reflexos.

Diferenciava-se das psicologias subjetivistas pelo valor atribuído ao informe verbal da pessoa que não se comparava à introspecção. Desenvolveu a ideia da relevância do informe do sujeito no processo de produção de conhecimento, como algo que fazia parte, necessariamente, do processo de investigação.

O próprio interrogatório não consiste em extrair do sujeito suas próprias vivências. A questão é radicalmente distinta em princípio. A pessoa submetida à prova não é a testemunha que declara sobre um crime que presenciou (seu antigo papel), mas é o próprio criminoso e, o que é mais importante, no momento do crime (VYGOTSKY, 1996b: 15).

Desta maneira, o interrogatório não era uma "superestrutura" do experimento, mas uma parte integrante do processo de produção de conhecimento, ou seja, o interrogatório era um sistema de excitantes, em que a palavra e a fala eram vistas como reflexos reversíveis.

A palavra escutada é um excitante, a palavra pronunciada é um reflexo que cria esse mesmo excitante. Esses reflexos reversíveis, que originam uma base para a consciência (entrelaçamento de reflexos), servem de fundamento para a comunicação social e para a coordenação coletiva do comportamento, o que indica, entre outras coisas, a origem social da consciência (VYGOTSKY, 1996b: 17).

Vygotsky já anunciava a origem social da consciência, ressaltando a importância da linguagem como constituidora da consciência.

No entanto, Vygotsky estava preocupado, também, com os reflexos que não poderiam ser manifestados diretamente, como a fala interior e a fala silenciosa; apontando a necessidade dos métodos indiretos e das formas mediadas. Porém, toda sua explicação estava fundamentada nos mecanismos de transmissão dos reflexos e entre os sistemas de reflexos. Dentro disso, a psique era entendida apenas como um movimento inibido...

> e não apenas o que objetivamente se pode tocar e que qualquer um pode ver. O que se vê somente através do microscópio, do telescópio ou dos raios X também é objetivo. E também o são os reflexos inibidos (VYGOTSKY, 1996b: 11).

Desta forma, Vygotsky deixou claro que os fenômenos subjetivos não existem por si mesmos e nem afastados da dimensão espaçotemporal e de suas causas, acrescentando: "E, pela mesma razão, tampouco pode existir a ciência que os estuda" (VYGOTSKY, 1996b: 26).

Vygotsky defendeu a unidade da psique e do comportamento, afirmando que... "a psique não existe fora do comportamento, assim como este não existe sem aquela, ainda que seja apenas porque se trata do mesmo" (VYGOTSKY, 1996b: 17).

Nesta discussão, Vygotsky apresentava sua concepção do eu. O eu se constrói na relação com o outro, em um sistema de reflexos reversíveis, em que a palavra desempenha a função de contato social, ao mesmo tempo em que é constituinte do comportamento social e da consciência.

> Por isso se funda aí a solução do enigma do "eu" alheio, do conhecimento da psique dos demais. O mecanismo da consciência de si mesmo (autoconhecimento) e do reconhecimento dos demais é idêntico: temos consciência de nós mesmos porque a temos dos demais e pelo mesmo mecanismo, porque somos em relação a nós mesmos o mesmo que os demais em relação a nós. Reconhecemo-nos a nós mesmos somente na medida em que

somos outros para nós mesmos, isto é, desde que sejamos capazes de perceber de novo os reflexos próprios como excitantes (VYGOTSKY, 1996b: 17-18).

A relação constitutiva eu-outro enquanto conhecimento do eu e do outro (eu alheio) são como mecanismos idênticos, isto é, temos consciência de nós porque temos dos demais, porque nós somos para nós o mesmo que os demais são para nós, nos reconhecemos quando somos outros para nós mesmos.

Nessa concepção, o sujeito não é reflexo, não é comportamento observável, nem reações não manifestadas e nem o inconsciente, mas o sujeito é uma conformação de um sistema de reflexos – a consciência –, na qual os estímulos sociais desempenham um papel importante na operacionalização do eu, já que o contato com os outros sujeitos permite o reconhecimento do outro e, através disso, o autoconhecimento.

A constituição do sujeito passa pelo reconhecimento do outro, mas fundamentalmente pelo autoconhecimento do eu, considerando que esses processos são idênticos, que acontecem pelo mesmo mecanismo, isto é, pelo mecanismo dos reflexos reversíveis.

2. A tríplice natureza da consciência

Em "A consciência como problema da psicologia do comportamento" (1925; 1991d; 1996d), a principal questão de Vygotsky era a afirmativa da consciência como um problema da psicologia. Analisava alguns erros cruciais cometidos por aqueles que ignoravam a consciência em prol do reflexo, e afirmava que um dos absurdos psicológicos era considerar a consciência um *epifenômeno* ou um *fenômeno secundário*. Defendeu a materialização da consciência, a necessidade de encontrar uma interpretação e um lugar adequado para a consciência e, com base nisso, buscar explicações para os problemas relacionados a ela.

Reforçava as críticas que vinha fazendo à reflexologia, agora de forma mais incisiva e irônica, colocando a reflexologia e a psicologia subjetiva em um mesmo patamar:

A principal premissa da reflexologia, a admissão da possibilidade de explicar todo o comportamento do homem sem recorrer a fenômenos subjetivos, ou seja, a psicologia sem psique, representa a outra face do dualismo da psicologia subjetiva, com sua tentativa de estudar uma psique pura, abstrata (VYGOTSKY, 1996d: 59).

Vygotsky afirmava que era fundamental estudar o comportamento e não os reflexos, e definiu o reflexo como um conceito abstrato, metodologicamente valioso, porém não podendo ser o conceito fundamental da psicologia como ciência do comportamento do homem, porque:

> [...] esse comportamento não constitui de forma alguma um saco de couro cheio de reflexos nem seu cérebro é um hotel para os reflexos condicionados que casualmente se alojam nele (VYGOTSKY, 1996d: 60).

Para desenvolver suas ideias apoiava-se em autores bastante diferentes. O fisiólogo Charles S. Sherrington lhe proporcionou a noção da função integradora do sistema nervoso. Sigmund Freud apontou a possibilidade da explicação dos processos internos do comportamento humano pela associação livre e por outras formas de manifestações não intencionais, mas objetivas. William James ofereceu uma teoria das emoções que concebia a conscientização dos sentimentos pela percepção consciente e secundária das próprias reações afetivas e fisiológicas.

Estabeleceu a diferenciação entre o comportamento animal e o comportamento humano, utilizando a citação de Marx sobre a analogia entre a aranha e o arquiteto. A partir daí, conceituou o comportamento do homem considerando três dimensões: a experiência histórica, a experiência social e a experiência duplicada:

> Essa explicação de Marx, completamente indiscutível, nada mais significa do que a obrigatória duplicação da experiência no trabalho humano. No movimento das mãos e nas modificações do material, o trabalho repete o que antes havia sido realizado na mente do trabalhador, com modelos semelhantes a esses mesmos movimentos e a esse mesmo material. Essa experiência duplicada, que permite ao homem desenvolver formas de adaptação ativa, o animal não a possui. Denominaremos convencionalmente essa nova forma de comportamento de experiência duplicada (VYGOTSKY, 1996d: 66).

Neste texto, Vygotsky apresentou o esboço do que iria caracterizar a sua teoria sócio-histórica dos processos psicológicos superiores, a gênese e natureza social da consciência. Estava, inicialmente, restrito ao sistema de reflexos reversíveis na explicação do comportamento, porém percebeu as limitações da teoria dos reflexos e ressaltou a importância da linguagem como fonte constituinte do comportamento social e da consciência. Entendeu que a experiência determina a consciência e, ao mesmo tempo, reconheceu a capacidade que tem o homem de constituir-se em excitante de si mesmo, pelos seus atos.

Desta maneira, a consciência é construída no contato social, é originada social e historicamente, mas como experiência duplicada – já que ela é a duplicação do mesmo, tal como acontece com o trabalho –, ela é, também, um contato social consigo mesmo, como pode ser observado na fala silenciosa e na fala interior.

Vygotsky referiu-se à consciência como reflexividade, capacidade do homem de se desdobrar, de ser objeto de si mesmo, isto é, a consciência de estar consciente de ter consciência, em que a palavra possibilita esse desdobramento.

Como no texto anteriormente analisado, fez uso das mesmas citações e argumentações com relação à concepção do eu, e acrescentou que a vertente individual se constrói a partir da base social como um modelo da sociedade.

> A vertente individual se constrói como derivada e secundária sobre a base do social e segundo seu exato modelo. Vem daí a dualidade da consciência: a ideia do duplo é a mais próxima da ideia real da consciência (VYGOTSKY, 1996d: 82).

Enfatizou a dualidade da consciência, a ideia do duplo, confirmada na relação eu e outro na própria consciência, ou seja, a consciência como um contato consigo mesmo garantida no contato com os outros sujeitos.

Sua concepção de homem afirmava que só existe o reconhecimento do eu no reconhecimento do outro. O outro determina o eu, ambos mediados socialmente.

Neste sentido, Vygotsky rompeu de uma certa maneira com a reflexologia, mas ainda não superou o pensamento reflexológico da época. A consciência começou a ser entendida como uma questão vital da psicologia, adquirindo, assim, uma dimensão psicológica mais humana.

Considerou que a dimensão da consciência apresenta uma tríplice natureza: consciência (pensamento), sentimento (afetos) e vontade (motivação). Isto é, a consciência dos pensamentos, a consciência dos sentimentos e a consciência da vontade; mas, nessa tríplice natureza da consciência enfatizou o caráter reflexo do pensamento, do sentimento e da vontade. Todos eles são vistos como sistemas de reflexos, apontando, assim, o caráter secundário da consciência dos sentimentos, dos pensamentos e da vontade, nos quais a própria reação serve de excitante a uma reação nova, ou seja, são reflexos reversíveis.

O caráter secundário da consciência, dada a sua gênese social, sua procedência da experiência e sua dependência psicológica das relações sociais, evidencia seu determinismo.

Neste contexto, o sujeito é constituído por meio da experiência social, histórica e pelo desdobramento da consciência, que acontece pelo desdobramento na consciência do eu e outro, no sujeito consciente.

O sujeito consciente estabelece relações com a experiência de outros sujeitos, e na experiência com outros sujeitos, pela intersubjetividade.

É importante enfatizar que a experiência social, para Vygotsky, já neste período, extrapola as interações sociais, isto é, o sujeito se apropria da experiência dos outros sujeitos não somente em condições de interação imediatas mas, também, por meio de intersubjetividades anônimas.

3. A consciência como sujeito da atividade

Na obra "O significado histórico da crise da psicologia – Uma investigação metodológica" (1927; 1996c), a consciência foi compreendida como um sistema seletor, um tamis que filtra o mundo e o modifica de maneira que torna possível a atuação. Tratou a consciência como um tamis que filtra a realidade e a modifica, refletindo a realidade, sobre a realidade e sobre si mesma, ou seja, a consciência foi entendida como possibilidade de reflexão.

A consciência apresenta limiares[2]: um limiar que permite perceber as coisas de modo fragmentado, pois os sentidos oferecem um mundo sintetizado em extratos, isto é, selecionam alguns traços dos fenômenos e, por isso, percebe-se somente um fragmento do mundo. E, ao mesmo tempo, há um limiar que possibilita a ocorrência, na consciência, de uma multiplicidade de mudanças e matizes não percebidas pelo sujeito.

A característica essencial da consciência reside na complexidade da reflexão, no fato de que nem sempre resulta exato refletir, ou seja, pode haver alterações da realidade, que ultrapassam os limites do visível e da experiência imediata, exigindo a busca dos significados que não são observados diretamente.

A consciência psicológica tem o caráter seletivo assegurado pelos diversos limiares que impedem o caos, a desestruturação da consciência.

A consciência e o cérebro são vistos como produtos e partes da natureza, mas partes que refletem e transformam a própria natureza.

O sujeito foi compreendido como um modelo da sociedade, pois nele se reflete a totalidade das relações sociais. Conhecer o sujeito significa conhecer o mundo inteiro em todas as suas conexões.

A consciência é a capacidade que o homem tem de refletir a própria atividade, isto é, a atividade é refletida no sujeito que toma consciência da própria atividade.

Em síntese, pode-se afirmar que a consciência é sujeito da atividade. Há um vínculo estreito entre a noção de consciência e de sujeito.

4. A consciência como um "quase-social"

No movimento teórico de superação do pensamento reflexológico, Vygotsky elaborou a teoria sócio-histórica, entre o período de 1928 a 1932, passando a priorizar o estudo das funções psicoló-

---

2. Vygotsky referiu-se a um termo da fisiologia, *limiar absoluto*, que significa a excitação mínima capaz de produzir uma sensação.

gicas superiores ou, melhor dizendo, buscou a gênese e a natureza dos processos psicológicos.

Na obra *História do desenvolvimento das funções psíquicas superiores* (1931; 1960; 1987), Vygotsky estudou detalhadamente o problema, a estrutura e a gênese das funções psicológicas superiores, desenvolveu para isso um método de investigação e análise.

Partiu da crítica à psicologia tradicional, à psicologia subjetiva e à psicologia contemporânea – psicologia do condutivismo norte-americano, do behaviorismo e da reflexologia russa –, que concebem os processos psicológicos superiores como formações naturais, decorrentes de uma miscelânea e indiferenciação entre inato e cultural, natural e histórico e biológico e social. Criticou essas abordagens identificando-as como antidialéticas e anti-históricas, pois na explicação dos fenômenos psicológicos utilizam leis naturais ou leis espirituais, apresentando um enfoque atomístico ou metafísico, nos quais o histórico é diluído no inato e o cultural no natural.

Diante deste quadro, Vygotsky enfatizou a diferenciação entre natural e cultural e entre o biológico e o social, ao mesmo tempo que ressaltou suas conexões.

Definiu as funções psicológicas superiores pela inter-relação com as funções psicológicas inferiores, mas sendo genética, estrutural e funcionalmente diferentes.

As funções psicológicas superiores não resultam natural e espontaneamente das funções psicológicas inferiores, elas têm propriedades e qualidades particulares específicas:

> Qualquer forma superior de conduta é impossível sem as inferiores, mas a presença destas formas inferiores ou secundárias não esgota a essência da principal (VYGOTSKY, 1987: 128).

Desta forma, as funções psicológicas inferiores representam o período pré-histórico das funções psicológicas superiores, e a infância caracterizada pelo uso de instrumentos e pela fala humana representa a pré-história do desenvolvimento cultural, entendendo o desenvolvimento cultural como o desenvolvimento psicológico que se realiza no processo de desenvolvimento histórico da humanidade:

[...] a história do desenvolvimento das funções psíquicas superiores é impossível sem o estudo da pré-história das funções superiores, de suas raízes biológicas, de suas qualidades orgânicas (VYGOTSKY, 1987: 20).

As funções psicológicas inferiores caracterizam-se por serem imediatas, ou seja, reações diretas a uma determinada situação, porém matizadas afetivamente; são de origem natural e biológica, portanto, são controladas pelo meio físico e social, consequentemente, são inconscientes e involuntárias.

As especificidades das funções psicológicas superiores é que são mediadas. Caracterizam-se por serem operações indiretas, que necessitam da presença de um signo mediador, sendo a linguagem o signo principal.

Todas as funções psicológicas superiores originam-se das relações reais entre indivíduos humanos, com isso não são inventadas, nem aparecem de forma repentina e não são funções *a priori*, ou seja, não existem independentemente das experiências. São funções que apresentam uma natureza histórica e são de origem sociocultural, são mediadas.

As funções psicológicas superiores são operações psicológicas qualitativamente novas e mais elevadas, como, por exemplo: linguagem, memória lógica, atenção voluntária, formação de conceitos, pensamento verbal, afetividade, etc.

Para compreender a relação entre as funções psicológicas superiores e as funções psicológicas inferiores, Vygotsky utilizou uma expressão da dialética hegeliana, a noção de superação. Hegel afirma o duplo significado da expressão superar, que quer dizer eliminar, negar e também conservar. Desta forma, as funções psicológicas inferiores não são liquidadas no sentido de deixar de existir, mas sim incluídas; são transformadas e conservadas nas funções psicológicas superiores, como uma dimensão oculta. O nível inferior não acaba quando aparece o novo, mas é superado por este, é negado dialeticamente pelo novo, passando a existir no novo.

Na dinâmica das funções psicológicas superiores não há predomínio exclusivo de uma função, todas estão inter-relacionadas; no entanto, em determinados momentos, uma função emerge mais fortemente, estabelecendo uma hierarquia entre as funções. Mas essa hierarquia é circunstancial.

O sentimento, o pensamento e a vontade estão relacionados, assim como todas as funções psicológicas, ou seja, não existe uma função isolada, nem um pensamento puro e nem um afeto sem alteração, mas sim interconexões funcionais permanentes na consciência, nas quais os sentimentos quando conscientes são atravessados pelos pensamentos, e os pensamentos são permeados pelos sentimentos, sendo que esses acontecem a partir dos e nos processos volitivos.

A forma de pensar, que junto com o sistema de conceitos nos foi imposta pelo meio que nos rodeia, inclui também nossos sentimentos. Não sentimos simplesmente: o sentimento é percebido por nós sob a forma de ciúme, cólera, ultraje, ofensa. Se dizemos que desprezamos alguém, o fato de nomear os sentimentos faz com que estes variem, já que mantêm uma certa relação com nossos pensamentos (VYGOTSKY, 1996a: 126).

No entanto, a função psicológica que potencializa as demais é a vontade. Portanto,

> Não existe hierarquia permanente de funções. [...] Não existe vontade permanentemente estabelecida. Mas há um âmbito natural de possibilidades para cada função, determinando a esfera de papéis possíveis para essa função (VYGOTSKY, 1986: 48).

A ênfase em uma ou outra função psicológica é orientada pela vontade, que se constitui na atividade psicológica construtiva, no mecanismo de potencialização e de realização da condição do ser humano; "o mecanismo de partida e de execução, a vontade, é o produto de relações sociais" (VYGOTSKY, 1986: 42).

Todo o processo psicológico é volitivo, sendo que a vontade é inicialmente social, interpsicológica e posteriormente intrapsicológica.

Vygotsky estava orientado pela formulação da lei genética do desenvolvimento cultural. De acordo com essa lei toda função psicológica aparece em duas dimensões, primeiro na dimensão interpsicológica e depois na dimensão intrapsicológica.

> Poderíamos formular a lei genética geral do desenvolvimento cultural do seguinte modo: qualquer função no desenvolvimento cultural da criança aparece em cena 2 vezes, em 2 planos: primeiro como algo social, depois como algo psicológico; primeiro entre a

gente, como uma categoria interpsíquica, depois, dentro da criança, como uma categoria intrapsíquica (VYGOTSKY, 1987: 161).

Desta forma, tudo que é intrapsicológico no sujeito, as funções psicológicas superiores, foi antes interpsicológico, e o signo é o exemplo mais evidente desta lei, pois o signo é, inicialmente, um meio de comunicação, depois se transforma em meio do comportamento.

No nível superior de desenvolvimento aparecem relações mediadas entre as pessoas... "cuja característica essencial é o signo, e que com sua ajuda se estabelece esta comunicação" (VYGOTSKY, 1987: 159).

As funções psicológicas superiores e as suas relações foram, em algum momento, relações reais entre as pessoas.

Qualquer função psíquica superior foi externa porque foi social antes de ser interna, antes de ser uma função psíquica propriamente, no princípio consistiu numa relação social entre 2 pessoas. O meio de atuar sobre si mesmo é, a princípio, um meio de atuar sobre os demais [...] (VYGOTSKY, 1987: 161).

Para Vygotsky, nada apresenta existência por si mesmo, as funções psicológicas superiores não acontecem na ausência de relações sociais que as potencializem. Assim, é nas relações entre as pessoas e por elas que se constituem as funções psicológicas superiores.

Por intermédio da relação com os outros acontece a conversão dos processos na dimensão social em processos na dimensão individual: "Um indivíduo ordena e outro cumpre. O indivíduo ordena a si mesmo e ele mesmo cumpre" (VYGOTSKY, 1996a: 113).

Esse processo é válido tanto para cada uma das funções psicológicas superiores quanto para a personalidade da pessoa, ou seja, a personalidade converte-se para si de acordo com o que é para os outros: "A personalidade se converte para si naquilo que ela é para os demais, através do que ela se apresenta aos demais" (VYGOTSKY, 1987: 160).

Vygotsky ressaltou a diferença entre desenvolvimento cultural-social da conduta psicológico-cultural e desenvolvimento biológico-natural, defendendo que o desenvolvimento psicológico é peculiar, caracteriza-se principalmente pelo desenvolvimento (criação e utilização) dos signos.

[...] o processo de desenvolvimento psicológico é *sui generis*, ou seja, um processo de um gênero especial. [...] Ao mudar por completo o tipo de adaptação no homem, aparece em primeiro plano o desenvolvimento de seus órgãos artificiais: os instrumentos, não a troca de seus órgãos e da estrutura de seu corpo (VYGOTSKY, 1987: 35).

Nesta perspectiva, o que determina o desenvolvimento das funções psicológicas superiores não é fundamentalmente a mudança biológica – a evolução biológica das espécies animais –, mas primordialmente a utilização dos instrumentos.

Na ontogênese, a questão essencial são os instrumentos, pois eles fazem a mediação social. Na filogênese não ocorre a união entre os processos biológicos e históricos ou naturais e culturais; já a especificidade da ontogênese é, justamente, a fusão desses dois processos. Com isso, a ontogênese não é a repetição ou reprodução da filogênese, mas um processo qualitativamente diferente, pois no desenvolvimento histórico da humanidade o processo ontogenético acontece na cultura, sendo que esta modifica a herança natural da humanidade de acordo com os critérios humanos:

[...] a cultura cria formas especiais de conduta, muda o tipo da atividade das funções psíquicas. Ela constrói novos estratos no sistema do desenvolvimento da conduta do homem. [...] No processo do desenvolvimento histórico, o homem social muda os modos e procedimentos de sua conduta, transforma os códigos e funções inatas, elabora e cria novas formas de comportamento, especificamente culturais (VYGOTSKY, 1987: 38).

É importante sinalizar que Vygotsky ressaltou o papel ativo do homem e da cultura: o homem constitui cultura ao mesmo tempo em que é constituído pela cultura, entretanto, o desenvolvimento cultural do homem encontra sustentação nos processos biológicos, no crescimento e na maturação orgânica, formando um processo complexo, em que o biológico e o cultural constituem-se mutuamente no desenvolvimento humano:

Como o desenvolvimento orgânico tem lugar em um meio cultural, converte-se num processo biológico condicionado historicamente. Por outro lado, o desenvolvimento cultural adquire um caráter particular e incomparável, já que se realiza simultânea e juntamente com o amadurecimento orgânico, portanto, seu portador resulta ser o organismo da criança que amadurece, que muda, que cresce (VYGOTSKY, 1987: 40).

Vygotsky trabalhou com o pressuposto de que o desenvolvimento biológico e o desenvolvimento cultural formam uma unidade, na qual o processo de desenvolvimento psicológico é determinado tanto pelo nível de desenvolvimento orgânico – biológico – quanto pelo nível de utilização de instrumentos e signos – cultural.

Vale enfatizar que Vygotsky afirmou a unidade e não a indiferenciação entre o desenvolvimento biológico e cultural, pois eles apresentam particularidades e especificidades que determinam diferentes pontos e contrapontos na composição do seu entrelaçamento.

Nesse sentido, o sentimento, o pensamento e a vontade – que formam a tríplice natureza social da consciência – são historicamente constituídos no contexto ideológico, psicológico e cultural, considerando o biologicamente constituído:

> [...] sentimento é histórico, que de fato se altera em meios ideológicos e psicológicos distintos apesar de que nele reste, sem dúvida, um certo radical biológico, em virtude do qual surge essa emoção (VYGOTSKY, 1996a: 127).

Os desenvolvimentos cultural e biológico são entendidos no processo de desenvolvimento histórico da humanidade. Dentro disso, todas as funções psicológicas superiores aparecem e emergem das relações sociais em condições históricas de vida.

A ênfase na relação entre o biológico constituído e o cultural constituinte não pode obscurecer o caráter ativo do homem. O homem e a cultura são constituídos reciprocamente.

A atividade humana caracteriza-se pela reprodução ou repetição de algo já existente, de condutas já criadas e elaboradas, devido à plasticidade do cérebro humano que possibilita a conservação de experiências anteriores e a facilitação de sua reinteração. Entretanto, se essa fosse a única característica da atividade humana, o homem se limitaria à adaptação às condições estabelecidas pelo meio ambiente.

A atividade humana caracteriza-se, também, pela criatividade, pela capacidade de imaginar, criar, combinar novas situações. A atividade criadora do ser humano projeta o homem para o futuro e para o passado, transformando o presente.

No processo de constituição do sujeito, as atividades humanas reprodutoras e criadoras são operacionalizadas ao longo do desenvolvimento humano pelos signos, que são meios de comunicações e meios de conexões das funções psicológicas superiores, presentes em todo o processo de constituição do sujeito: "A potencialidade para as operações complexas com signos já existe nos estágios mais precoces do desenvolvimento individual" (VYGOTSKY, 1984: 52).

Vygotsky estava acenando para uma nova compreensão do desenvolvimento humano, na qual desde muito cedo a criança já possui capacidade potencial de operar com signos. Mas o que são signos?

Chamamos signos a estes estímulos-instrumentos convencionais, introduzidos pelo homem na situação psicológica e que cumprem a função de autoestimulação. [...] qualquer estímulo condicional (criado artificialmente pelo homem), que seja um veículo para o domínio da conduta, alheia ou própria, é um signo (VYGOTSKY, 1987: 90).

Os signos, os instrumentos psicológicos ou as criações artificiais são estímulos instrumentais convencionais, de natureza social, que na convivência social são introduzidos no psicológico pelo homem, e, portanto, não são nem orgânicos nem individuais.

Os signos são a linguagem, as formas numéricas e cálculos, a arte e técnica de memorização, o simbolismo algébrico, as obras de arte, a escrita, os gráficos, os mapas, os desenhos, enfim todo gênero de signos convencionais.

Os signos convencionais atuam sobre o sujeito, mas este possui a atividade humana criadora, tem por fundamento a imaginação. Esta era considerada por Vygotsky como uma função vitalmente necessária para o homem.

[...] a imaginação, como base de toda atividade criadora, manifesta-se por igual em todos os aspectos da vida cultural, possibilitando a criação artística, científica e técnica. Nesse sentido, absolutamente tudo o que nos rodeia e tem sido criado pela mão do homem, todo o mundo da cultura, diferente do mundo da natureza, tudo isso é produto da imaginação e da criação humana, baseado na imaginação (VYGOTSKY, 1990: 10).

O homem não só se adapta à natureza, mas a transforma, e ao transformá-la transforma a si mesmo: ele sente, pensa, age, imagina, deseja, planeja, etc. O homem tem a capacidade de criar o mundo da cultura por meio dos instrumentos de trabalho e dos instrumentos psicológicos.

A signalização, isto é, a criação e utilização de signos e de sinais arbitrários é uma característica específica do homem; o princípio da signalização é o fator determinante da espécie humana.

Vygotsky fez uma analogia entre a signalização e o uso de instrumento no trabalho, buscando o entendimento do papel comportamental do signo. Nessa analogia, identificou a função mediadora de ambos, ou seja, tanto o uso de signos quanto o uso de instrumentos de trabalho operam como uma atividade mediada. Mas os diferenciou pela operacionalização efetiva e direcional assumida na atividade mediada, ou seja, enquanto o instrumento de trabalho modifica o objeto da atividade e está dirigido externamente, o instrumento psicológico não altera o objeto da atividade psicológica e está orientado internamente. Este último age sobre o controle e domínio do sujeito, e o instrumento de trabalho atua sobre o controle e domínio da natureza. Desta forma, são atividades mediadas que apresentam naturezas diferentes mas que estão reciprocamente vinculadas, pois a alteração em um nível provoca transformação no outro.

O signo não altera o objeto da operação psicológica mas transforma as conexões e as estruturas das funções psicológicas, determinando uma nova atividade instrumental no sujeito.

> Por conseguinte, no ato instrumental entre o objeto e a operação psicológica a ele dirigida, surge um novo componente intermediário: o instrumento psicológico, que se converte no centro ou no foco estrutural, na medida em que determinam funcionalmente todos os processos que dão lugar ao ato instrumental (VYGOTSKY, 1996e: 96).

O instrumento psicológico modifica a atividade das funções psicológicas e exige funções novas relacionadas ao signo em questão. O instrumento psicológico cria e reconstrói estrutural e funcionalmente as conexões interfuncionais das funções psicológicas, apresentando a capacidade de influenciar no comportamento, ou seja, é um estímulo que controla o comportamento:

Por isso, todo instrumento é necessariamente um estímulo: se não o fosse, ou seja, se não gozasse da faculdade de influir no comportamento, não poderia ser um instrumento. Mas nem todo estímulo é um instrumento (VYGOTSKY, 1996e: 98).

O signo, para se constituir enquanto um instrumento psicológico, precisa ser um estímulo, um estímulo auxiliar, um veículo auxiliar. Para exemplificar o processo de mediatização do signo, Vygotsky utilizou o triângulo, uma vez que o triângulo elimina o esquema associativo linearmente direto entre dois pontos, A e B. Com isso, a presença do signo X não altera os pontos A e B, mas a estrutura de todo o processo que envolve A e B, configurando novas conexões A e X, X e B. É por isso que Vygotsky afirmou que o signo não muda nada no próprio objeto da operação psicológica, só permite uma nova direção ou reorganiza a operação psicológica. Entre dois estímulos, aparece um novo membro intermediário, consequentemente, toda a operação adquire um caráter novo, torna-se um ato mediatizado, um processo mediatizado.

Neste processo mediatizado pelos signos, estes estão orientados para o domínio dos processos psicológicos próprios ou alheios e sua função é a regulação da conduta. São os signos que atuam sobre o sujeito e que possibilitam o controle sobre ele e sobre os demais, ou melhor dizendo, através do signo o sujeito é inicialmente controlado pelo outro e, posteriormente, orienta o seu próprio controle, ou seja, passa do controle do outro para o autocontrole e a autoestimulação.

Este direcionamento da função do signo – que parte do controle do outro para o próprio controle – obedece a lei genética do desenvolvimento cultural, mencionada anteriormente. Desta maneira, os signos aparecem primeiro em uma dimensão interpsicológica – meios de comunicação – e depois em uma dimensão intrapsicológica – meios de conduta –, e esta passagem de dimensões é realizada pela mediação dos signos.

Os signos são sempre signos sociais. Os signos e a linguagem apresentam existência enquanto possuidores de materialidade, ou seja, estão encarnados em determinadas condições sociais, históricas e ideológicas.

Neste processo, o sujeito controla a sua conduta através da linguagem, que são signos submetidos às normas sociais e às regras convencionais e não à linguagem baseada no domínio arbitrário e autônomo do signo.

As funções psicológicas superiores são mediadas, isto é, nascem e vivem pela mediação dos instrumentos psicológicos, dos signos, sendo assim, são "quase sociais":

> [...] todas as funções superiores vêm se constituindo, não na biologia, não na história da pura filogênese, mas sim como o próprio mecanismo, que encontrado na base das funções psíquicas superiores constitui relações interiorizadas de ordem social, que elas são a base da estrutura social da personalidade. Sua composição, a estrutura genética, o modo de ação, em uma palavra, toda sua natureza, é social; inclusive, *ao converter-se em processo psíquico, permanece sendo quase social*. O homem, a sós consigo mesmo, segue funcionando em comunhão (VYGOTSKY, 1987: 162).

O processo de conversão de algo interpsicológico em algo intrapsicológico não acontece por mera reprodução, mas por reconstituição de todo o processo envolvido, no qual as funções psicológicas permanecem sendo "quase sociais". Na natureza de toda a dimensão intrapsicológica, na gênese do fenômeno psicológico, estão originalmente as relações sociais:

> Modificando um conhecido postulado de Marx, poderíamos dizer que a natureza psicológica do homem constitui um conjunto de relações sociais, deslocadas para o interior e que têm se convertido em funções da personalidade e em formas de sua estrutura (VYGOTSKY, 1987: 162).

Nas relações sociais algumas atividades interpsicológicas são convertidas em atividades intrapsicológicas, pois nem tudo que é social é interpsicológico e nem tudo que é interpsicológico é intrapsicológico. A dimensão intrapsicológica acontece a partir da conversão de signo interpsicológico em signo intrapsicológico, acontece pela mediação dos signos.

A noção de conversão parece ser mais fidedigna para legitimar o processo que Vygotsky elaborou, pois pressupõe o processo de superação e de mediação não estando a questão na internalização de algo de fora para dentro, mas na conversão de algo nascido no social que se torna constituinte do sujeito permanecendo "quase social" e continua constituindo o social pelo sujeito.

A conversão é, então, entendida como um processo de tornar-se diferente do que era sem deixar de ser o que foi. Mas, como ela acontece?

Vygotsky partiu da noção de que o desenvolvimento cultural da criança atravessa três níveis fundamentais. Para explicar tal proposta orientava-se pelo pressuposto hegeliano da identidade dos contrários, caracterizado na relação do senhor e do escravo. Analisou o desenvolvimento cultural da criança utilizando a história do desenvolvimento do gesto indicativo, para explicar o processo de conversão.

No primeiro momento, a criança tenta pegar um objeto inacessível, faz movimentos de alcançar e pegar. No entanto, são apenas movimentos fracassados de agarrar, dirigidos a um objeto. Aqui tem-se o gesto indicativo em si.

Esses movimentos indicativos dirigidos ao objeto são notados pelo outro, com isso o gesto de apontar torna-se um gesto para os outros, afeta os outros e não o objeto que ela busca:

> Aqui tem lugar uma troca das funções do próprio movimento: assim, um movimento dirigido para o objeto converte-se em um movimento dirigido para outra pessoa, em um meio de comunicação; o ato de pegar converte-se em indicação (VYGOTSKY, 1987: 160).

O gesto indicativo converte-se em gesto para os outros, o movimento de pegar converte-se no ato de apontar. Tem-se um gesto para si.

> [...] este movimento converte-se em gesto para si, não de outro modo, como sendo no início uma indicação em si, quer dizer, usufruindo objetivamente de todas as funções necessárias para a indicação e do gesto para outro, quer dizer, sendo interpretado e compreendido pelas pessoas ao redor como uma indicação (VYGOTSKY, 1987: 160).

O movimento malsucedido provoca a reação do outro, sem que a criança compreenda o significado do seu gesto. Ela passa a significar seu gesto posteriormente, inicialmente ele é um movimento dirigido a um objeto.

Nesta passagem, evidencia-se que a atribuição de significado acontece em uma situação objetiva que necessita da intervenção do outro. O outro atribui significado à situação, que posteriormente é significada pela criança, ou seja, em uma situação objetiva o outro atribui significado a uma determinada condição na relação interpsicológica, que se converte posteriormente na relação intrapsicológica do sujeito consigo mesmo como significativa. No significado do gesto indicativo do sujeito para o sujeito, ele se converte em gesto de si.

O processo de conversão é o processo de constituição do sujeito no campo da intersubjetividade. Compreendido na totalidade da teoria vygotskyana, tal processo denota o movimento de transformação, no qual o transformado passa a ser algo diferente sem excluir o que foi, e esse movimento, na sua gênese, parte do social para o sujeito.

A primeira tarefa da análise é mostrar como, desde as formas da vida coletiva, surge a reação individual. Ao contrário de Piaget, estimamos que o desenvolvimento não vai em direção à socialização, mas sim para a conversão das relações sociais em funções psíquicas (VYGOTSKY, 1987: 162-163).

A pergunta de Vygotsky é como o coletivo cria no sujeito as funções psicológicas superiores? Portanto, a direção do desenvolvimento é do social – interpsicológico – ao individual – intrapsicológico: "As funções se constroem primeiro no coletivo, em forma de relações entre as crianças; depois, convertem-se em funções psíquicas da personalidade" (VYGOTSKY, 1987: 163).

Considerando a relação dialética das dimensões interpsicológica e intrapsicológica, compreendidas no posicionamento de que o intrapsicológico – interno – foi antes interpsicológico – externo –, isto é, o social constitui o sujeito ao mesmo tempo em que é constituído por ele, ambos sendo constituídos pelas mediações dos signos.

A complexidade das dimensões intrapsicológicas e interpsicológicas traduzida no movimento, na transformação, na conversão e na reconstituição constante, não possibilita estabelecer relações dicotômicas e indiferenciadas entre o interno e o externo, mesmo porque fazem parte de uma relação dialética que os diferencia e os aproxima.

Mas Vygotsky não estava problematizando a noção de externo e interno e sim a relação social e individual no desenvolvimento genético do ser humano. Tanto que priorizou fortemente a palavra social, chegando a definir que todo o cultural é social. A cultura, para Vygotsky, era precisamente o produto da vida social e da atividade coletiva do homem.

Ressaltou, também, a atividade coletiva criativa da cultura em uma dimensão anônima.

[...] do mesmo modo, existe criação não só onde se dá origem aos acontecimentos históricos, mas também onde o ser humano imagina, combina, modifica e cria algo novo, por mais insignificante que esta novidade possa parecer ao ser comparada com as realizações dos grandes gênios. Se associamos a isso a existência da criação coletiva, que agrupa todas essas contribuições insignificantes por si mesmas enquanto criação individual, compreenderemos o quão imensa é a parte que, de tudo o criado pelo gênero humano, corresponde precisamente à criação anônima coletiva de inventores anônimos (VYGOTSKY, 1990: 11).

A cultura como produção coletiva da atividade humana é uma dimensão significativa, que comporta as grandes revoluções e a vida cotidiana. A cultura é feita pelos signos, pelas diversas formas de semiotização, sendo que a linguagem ocupa o papel central, mas uma linguagem fundamentalmente histórica. Por isso, o problema do desenvolvimento cultural do comportamento humano é o problema do desenvolvimento social.

A compreensão deste processo de conversão implica a dimensão histórica do homem e está vinculada aos demais conceitos da teoria vygotskyana, principalmente ao conceito de mediação.

5. A consciência como estruturação dos sistemas psicológicos

O conceito fundamental, na teoria vygotskyana, é o conceito de mediação. Vygotsky expressou isso claramente no texto "O problema da consciência" (1933; 1968; 1996f): "O fato central de nossa psicologia é o fato da ação mediada" (1996f: 188).

Vygotsky, afirmando que o fato central da ciência psicológica é o fato da mediação, desvelou que o objeto da psicologia e da psicologia social era o fenômeno psicológico, mas este só existe pelas mediações, isto é, ele é mediado e não imediato.

A mediação como pressuposto da relação eu-outro, da intersubjetividade, é a grande contribuição de Vygotsky e o que o diferencia de Leontiev, Luria e dos demais psicólogos de sua época e da psicologia tradicional, e caracteriza sua importância na perspectiva sócio-histórica.

Os outros membros da *Troika*, colegas e discípulos de Vygotsky, identificaram sua declaração de que o fato central da psicologia é o fato da mediação, mas consideraram a mediação apenas como um conceito da teoria sócio-histórica.

Porém, garimpar a obra acessível de Vygotsky procurando a definição do conceito de mediação é uma tarefa bastante difícil, mesmo porque não é um conceito, é um pressuposto norteador de todo o seu arcabouço teórico-metodológico. É um pressuposto que se objetiva no conceito de conversão, superação, relação constitutiva eu-outro, intersubjetividade, subjetividade, etc.

A mediação é processo, não é o ato em que alguma coisa se interpõe; mediação não está entre dois termos que estabelecem uma relação. É a própria relação.

A mediação pelos signos, as diferentes formas de semiotização, possibilita e sustenta a relação social, pois é um processo de significação que permite a comunicação entre as pessoas e a passagem da totalidade a partes e vice-versa.

A mediação não é a presença física do outro, não é a corporeidade do outro que estabelece a relação mediatizada, mas ela ocorre através dos signos, da palavra, da semiótica, dos instrumentos de mediação. A presença corpórea do outro não garante a mediação.

Sem a mediação dos signos não há contato com a cultura. Desde que a criança nasce ela se relaciona pela mediação, que acontece de diferentes maneiras, diferentes intensidades e inúmeras formas.

Entretanto, Vygotsky reconheceu que durante certo período de tempo, na sua produção teórica, considerou o signo apenas como estímulo auxiliar e como veículo para o controle do comportamento, não priorizando o significado.

Nos primeiros trabalhos ignorávamos que o significado é próprio do signo (p. 175). [...] Mas já nas primeiras investigações o problema do significado estava implícito. Se antes nossa tarefa era mostrar o que havia de comum entre o "nó" e a memória lógica, agora consiste em mostrar a diferença que existe entre eles (VYGOTSKY, 1996f: 176).

Há uma superação no pensamento de Vygotsky, qual seja, do signo como instrumento auxiliar (algo que está no lugar de outro algo), do signo como veículo (alguma coisa vazia que pode veicular alguma coisa), isto é, da visão instrumentalista da palavra à visão discursiva da linguagem, ao significado e sentido das palavras, à palavra como microcosmo da consciência.

Vygotsky conformou sua teoria dentro do campo da significação somente nos últimos trabalhos, principalmente na obra *Pensamento e linguagem* (1934; 1993) e no texto "O problema da consciência" (1933; 1968; 1996f).

A consciência continua sendo entendida como um sistema de integração dos diferentes sistemas psicológicos, mas Vygotsky descentralizou a consciência das funções e das transformações das funções priorizando as alterações das interconexões e das infinitas possibilidades de conexões e de manifestação das mesmas, ou seja, está além dos nexos das funções entre si, realiza e expressa as conexões dos sistemas entre si.

Na dinâmica da consciência acontece um novo modo de operar da consciência, no qual tanto os sistemas psicológicos quanto a consciência se modificam mutuamente: "O principal aspecto na função específica de cada centro superior é o novo *modus operandi* da consciência" (VYGOTSKY, 1996a: 197).

Vygotsky complexificou a dimensão da consciência, na qual encontra-se o psicológico consciente e o psicológico inconsciente, ambos operacionalizados pelas mediações semióticas, na relação dialética da dimensão interpsicológica e da dimensão intrapsicológica, no campo da intersubjetividade e da intersubjetividade anônima.

Fala-se em mediação semiótica, porém Vygotsky não usou essa expressão, mas referiu-se à expressão semiótica. Vários autores inferem esse termo, tais como Wertsch (1988), Kozulin (1994), Pino (1991). Mas qual é o significado da palavra semiótica para Vygotsky?

Vygotsky (1996f) realizou uma análise semiótica, como ele afirmava, no sentido estrito. Partiu da definição de que toda palavra tem significado e da pergunta sobre o que é o significado da palavra. Respondeu que o significado não é nem igual à palavra nem igual ao pensamento. Então, perguntou: o que significa descobrir o significado? Para descobrir o significado era preciso analisar a linguagem diferenciando seus aspectos semióticos e fásicos e concebendo a unidade desses aspectos:

> Na linguagem devemos distinguir os aspectos semiótico e fásico; o que os liga é a relação de unidade e não de identidade. A palavra não é simplesmente o substituto da coisa (VYGOTSKY, 1996f: 180).

Os aspectos semióticos e fásicos da linguagem estão inter-relacionados formando uma unidade, mas são diferenciados. Essa diferença no desenvolvimento da linguagem reside no fato de que a primeira palavra é uma palavra fásica, enquanto que a semiótica é uma oração, ou seja, os aspectos semióticos e fásicos caracterizam-se por apresentarem direções opostas no desenvolvimento; o aspecto fásico parte do particular para o geral e o aspecto semiótico do geral para o particular.

A evolução é assim: a *fásica*, da palavra isolada à oração, à oração subordinada; a *semiótica*, da oração ao nome. Ou seja, *"o desenvolvimento do aspecto semiótico da fala não evolui paralelamente (não coincide) com o fásico"* (O desenvolvimento do aspecto fásico da fala se *antecipa* ao semiótico) (VYGOTSKY, 1996f: 180).

Semanticamente, a criança parte do todo, de um complexo significativo, e só mais tarde começa a dominar as unidades semânticas separadas, os significados das palavras, e a dividir o seu pensamento, anteriormente indiferenciado, nessas unidades. Os aspectos semânticos e externos da fala seguem direções opostas em seu desenvolvimento – um vai do particular para o geral, da palavra para a frase, e o outro vai do geral para o particular, da frase para a palavra. [...] distinção entre os aspectos vocal e semântico da fala. Como ambos seguem direções opostas, o seu desenvolvimento não coincide, mas isso não significa que sejam independentes entre si (VYGOTSKY, 1993: 109).

Para Vygotsky, na fala se diferenciam os aspectos fásicos e os aspectos semióticos[3], os aspectos vocais e semânticos. Ele distingue o aspecto interior da fala – semântico e significativo – e o aspecto exterior da fala – fonético. No pensamento se diferenciam tanto os aspectos fásicos da fala quanto os aspectos semióticos da fala.

Essas diferenciações na linguagem são fundamentais para a compreensão do desenvolvimento da linguagem e do pensamento, uma vez que a linguagem e o pensamento estão inter-relacionados em um movimento permanente, no qual manifestam suas diferenças, pois o pensamento e a linguagem têm raízes genéticas diferentes, tanto no desenvolvimento filogenético quanto no desenvolvimento ontogenético. Desta maneira, observa-se um nível pré-intelectual no desenvolvimento da fala e um nível pré-linguístico no desenvolvimento do pensamento, ou seja, pensamento e linguagem são processos de natureza diferenciada que se encontram no pensamento verbal.

O pensamento e a linguagem se unem formando o pensamento verbal através do significado da palavra.

A unidade do pensamento verbal reside no significado das palavras, que, por sua vez, é o critério de existência da palavra, ou seja, é mais que a palavra, é uma palavra com significado, isto é, é uma palavra significada. O significado de cada palavra é um conceito, é uma generalização:

> Uma palavra não se refere a um objeto isolado, mas a um grupo ou classe de objetos; portanto, cada palavra já é uma generalização. A generalização é um ato verbal do pensamento e reflete a reali-

---

3. Somente no texto "O problema da consciência" (1996f), Vygotsky usa o termo semiótica; no capítulo 7, "Pensamento e palavra", do livro *Pensamento e linguagem* (1993), aparece o termo semântica.

dade de modo bem diverso daquele da sensação e da percepção (VYGOTSKY, 1993: 4).

Sendo a palavra uma generalização, isto quer dizer que a realidade é generalizada e refletida em uma palavra. Ao refletir a realidade e ao dar sustentação ao pensamento generalizante, a palavra tem seu significado alterado de acordo com o modo de realização da realidade social.

Sendo o significado da palavra uma generalização e este um ato verbal do pensamento, e sendo o significado da palavra uma parte intransferível dela, isso leva à constatação de que o significado da palavra é um fenômeno tanto de pensamento quanto de linguagem:

> O significado das palavras é um fenômeno de pensamento apenas na medida em que o pensamento ganha corpo por meio da fala, e só é um fenômeno da fala na medida em que esta é ligada ao pensamento, sendo iluminada por ele. É um fenômeno do pensamento verbal, ou da fala significativa – uma união da palavra e do pensamento (VYGOTSKY, 1993: 104).

O pensamento se realiza na palavra e esta ganha significado pelo pensamento. "O pensamento não apenas se expressa na palavra, mas nela se realiza" (VYGOTSKY, 1996f: 182).

O pensamento passa a existir através da palavra, mas para isso atravessa diversas transformações, pois a fala não é cópia do pensamento. Desta forma, a linguagem e o pensamento são orientados por questões diferentes, impossibilitando a transição direta do pensamento para a fala. A função do significado das palavras reside precisamente na realização da comunicação humana e na efetivação do pensamento generalizante: "A comunicação só pode ocorrer de uma forma indireta. O pensamento tem que passar primeiro pelos significados e depois pelas palavras" (VYGOTSKY, 1993: 129).

Na relação entre o pensamento e a palavra, o significado faz o elo entre os dois, dá vida aos dois por meio de um processo permanente de transformações, no qual um depende do outro: "Uma palavra desprovida de pensamento é uma coisa morta, e um pensamento não expresso por palavras permanece uma sombra" (VYGOTSKY, 1993: 131).

Vygotsky, indagando sobre o papel do significado na vida da consciência, afirmou que conhecer o significado implicava conhecer o singular como universal. Com isso, o significado da palavra é diferente do pensamento expresso na palavra e é diferente do significado do objeto:

O *significado do objeto não é o da palavra*. "Um objeto tem significado" – quer dizer que faz parte da comunicação. *Conhecer o significado – conhecer o singular como universal* (VYGOTSKY, 1996f: 186).

Na estruturação dos significados das palavras, Vygotsky diferenciou significado e referente, isto é, a função significativa e a nominativa da palavra:

[...] a princípio só existe a função nominativa; e, semanticamente, só existe a referência objetiva; a significação independente da nomeação e o significado independente da referência surgem posteriormente e se desenvolvem ao longo de trajetórias [...] (VYGOTSKY, 1993: 112).

No processo de desenvolvimento, inicialmente a palavra é um atributo do objeto, a criança tem que fazer a diferenciação entre palavra e objeto e entre significado da palavra e significado do objeto. A comunicação entre a criança e o adulto acontece compreensivelmente pelos referentes comuns, mas não por significados compartilhados.

Na estrutura semântica de uma palavra encontra-se diversos significados para um referente e, também, um significado para diferentes referentes.

Na relação entre o referente, ou seja, a coisa referida ou o objeto significado e o significado aparece o significante que é o signo.

No entanto, entre o referente e o significante não está o significado, porque a relação entre significante e referente acontece no sujeito, que estabelece a relação pela significação.

O sujeito estabelece a relação entre significante e referente pela significação e não pelo significado, pois o significado não pode estar entre os dois termos em pauta – o significante e o referente – já que faz parte dos dois mas não se localiza em nenhum dos dois e nem entre os dois como elemento intermediário, ou seja, o significado possibilita a linguagem e o pensamento, porém está no sujeito mas não em um sujeito individual e sim em um sujeito em relação, em intersubjetividade.

Neste sentido, o sujeito estabelece a relação pela significação, já que esta transita nas diferentes dimensões do sujeito: ela atravessa o pensar, o falar, o sentir, o criar, o desejar, o agir, etc.

A significação se constitui em termos de sujeitos e não em termos de significante e referente, é um processo que tem como suporte o signo, enquanto materialidade e visibilidade.

Mas, na significação, a relação acontece entre sujeitos, sujeitos em intersubjetividade pelas mediações semióticas em um mundo dos sujeitos, sujeitos não individuais e nem abstratos, mas sujeitos constituídos histórica e socialmente.

No processo de significação encontra-se uma dupla referência semântica: o significado e o sentido. O significado aparece como sendo próprio do signo, enquanto que o sentido é produto e resultado do significado, porém não é fixado pelo signo sendo mais amplo que o significado:

> Significado – é próprio do signo. Sentido – é o que faz parte do significado (resultado do significado), mas não foi fixado pelo signo. Formação do sentido – resultado, produto do significado. O sentido é mais amplo do que o significado (VYGOTSKY, 1996f: 186).

O sentido predomina sobre o significado, pois é um todo complexo que apresenta diversas zonas de estabilidade desiguais, nas quais a mais estável é o significado:

> É um todo complexo, fluido e dinâmico, que tem várias zonas de estabilidade desigual. O significado é apenas uma das zonas do sentido, a mais estável e precisa. Uma palavra adquire o seu sentido no contexto em que surge; em contextos diferentes, altera o seu sentido. O significado permanece estável ao longo de todas as alterações do sentido (VYGOTSKY, 1993: 125).

O significado de uma palavra é convencional e dicionarizado, portanto é mais estável e preciso, enquanto que o sentido de uma palavra pode ser modificado de acordo com o contexto em que aparece; consequentemente, diferentes contextos apresentam diferentes sentidos para uma palavra; o sentido não é pessoal enquanto individual, mas é constituído na dinâmica dialógica.

O sentido de uma palavra modifica-se, tanto dependendo das situações como das pessoas que o atribuem; por isso, é considerado quase ilimitado. Desta maneira, as palavras e os sentidos apresentam um grau elevado de independência entre si, fato que não ocorre entre palavra e significado.

Embora o significado seja próprio do signo ele não se confunde com o significante, são constituições diferenciadas. O significado não se restringe ao objeto, nem ao signo, nem à palavra e nem ao pensamento, mas pertence à consciência; não é ele que determina a configuração da consciência e nem o sentido, mas a presença do significado e do sentido impulsiona novas conexões e novas atividades da consciência, em uma dimensão semiótica.

A consciência é um sistema integrado em uma processualidade permanente, em que todos os diferentes componentes alteram sua composição ao mesmo tempo em que ela também determina a estrutura do significado e a atividade formativa do sentido, administrando sua dimensão semântica e, primordialmente, entrando em contato com outras consciências.

Na discussão da significação o significado é o aspecto que torna possível a relação social, e são significados produzidos nas relações sociais, em determinadas condições históricas. Vygotsky colocou a questão da tensão permanente, na qual a consciência era, ao mesmo tempo, tensionada pelos produtos históricos universais e pelas singularidades dos sujeitos. Uma relação entre o singular e o universal, na qual o singular expressa o universal, entendendo o singular enquanto determinação histórica, cultural e ideológica.

A consciência é semioticamente constituída e semioticamente mediada; sendo os signos sociais e ideológicos, a consciência é matizada ideologicamente:

> É preciso assinalar, por um lado, a conexão que alguns sistemas novos mantêm, não só com signos sociais, mas também com a ideologia, e o significado que tal ou qual função psicológica adquire na consciência das pessoas, ao passo que, por outro lado, o processo de aparecimento de novas formas de comportamento a partir de um novo conteúdo é extraído pelo homem da ideologia do meio que o rodeia (VYGOTSKY, 1996: 117).

Para analisar a consciência, o único método apropriado é a análise semiótica: "A análise semiótica é o único método adequado para estudar a estrutura do sistema e o conteúdo da consciência" (VYGOTSKY, 1996f: 188).

O conteúdo semiótico proporciona a compreensão da estrutura e conteúdo da consciência, que é um sistema estruturado, organizado por infinitas conexões entre as suas atividades, algumas das quais são estáveis mas não constantes; essas conexões são potencializadas pelas mediações semióticas.

Considerando-se que os signos modificam as relações entre as funções psicológicas e os sistemas psicológicos, torna-se necessário conhecer as transformações que acontecem na estrutura de interconexões da consciência, ou seja, sua lógica estruturante.

Só é possível estudar a consciência pelos conteúdos que a constituem e por intermédio de sua lógica instituidora, constituída historicamente. Vygotsky pontuou uma relação em três dimensões, quais sejam, entre a estrutura, a lógica e os conteúdos da consciência; sendo que os conteúdos implicam a estrutura e a lógica, mas é pelo modo lógico estrutural de operar com os conteúdos que a consciência revela seu modo universalizante de proceder.

Os conteúdos da consciência e sua lógica estrutural são inseparáveis. O acesso à consciência dá-se quando ela se objetiva, isto é, quando está constituída para o sujeito. As objetivações da consciência ocorrem por intermédio da linguagem e do trabalho.

A objetivação da consciência pelo trabalho é um pressuposto defendido por Vygotsky; no entanto, ele apreendeu a determinação do trabalho por meio da significação, considerando que a técnica e o instrumento de trabalho acontecem na cultura, no campo das significações compartilhadas.

O entendimento da consciência passa pela constituição cultural, qual seja, a cultura como um campo compartilhado de significações. Significados e sentidos compartilhados no campo cultural são sustentados historicamente.

Desta forma, a linguagem é a referência essencial, a partir da qual todas as formas de atividade inseridas em uma sociedade determinada pelo trabalho, pelo modo de produção, são explicativas da cultura. A cultura é compreendida pelas significações, porém em um mundo demarcado pelo trabalho, onde a linguagem e o pensamento refletem uma determinada realidade social e a linguagem possibilita resgatar o desenvolvimento histórico da consciência:

O pensamento e a linguagem, que refletem a realidade de uma forma diferente daquela da percepção, são a chave para a compreensão da natureza da consciência humana. As palavras desempenham um papel central não só no desenvolvimento do pensamento, mas também na evolução histórica da consciência como um todo. Uma palavra é um microcosmo da consciência humana (VYGOTSKY, 1993: 132).

Vygotsky ressaltou a função e o papel essencial da linguagem na consciência humana, pela mediação da linguagem e da instrumentalidade semiótica, pois a linguagem tanto faz a mediação dos processos, funções e sistemas psicológicos quanto atua como função psicológica superior.

A linguagem é constitutiva e constituidora do sujeito.

O sujeito é constituído pelas significações culturais, porém a significação é a própria ação, ela não existe em si, mas a partir do momento em que os sujeitos entram em relação e passam a significar, ou seja, só existe significação quando significa para o sujeito, e o sujeito penetra no mundo das significações quando é reconhecido pelo outro.

A relação do sujeito com o outro sujeito é mediada. Dois sujeitos só entram em relação por um terceiro elemento, que é o elemento semiótico: "Aqui o esquema não é: pessoa-coisa (Stern), nem pessoa-pessoa (Piaget). Mas: pessoa-coisa-pessoa" (VYGOTSKY, 1996f: 189).

A interação é ação de um e ação de outro, sujeito-sujeito, sujeito-objeto; ação em resposta a ações que modificam os organismos, mas no ser humano não somente acontece ação em resposta a outra ação, não existe só a ação direta de um sobre o outro.

Desta forma, o conceito de interação que significa ação partilhada, conjunta, recíproca e pressupõe a presença imediata do outro não dá conta das relações constitutivas do sujeito, pois as relações sociais são múltiplas, contraditórias e abrangem uma infinidade de possibilidades de objetivações.

E mais, a relação social não é composta apenas de dois elementos, a relação social é uma relação dialética entre eu e o outro. O elemento semiótico que é constituinte e constituído pela relação é, portanto, mediação.

111

O eu não é sujeito, é constituído sujeito em uma relação constitutiva eu-outro no próprio sujeito, essa relação é imprescindível para a constituição do sujeito, já que para se constituir precisa ser o outro de si mesmo. É necessário o reconhecimento do outro como eu, alheio nas relações sociais, e o reconhecimento do outro como eu próprio, na conversão das relações interpsicológicas em relações intrapsicológicas; mas nesta conversão, que não é mera reprodução mas reconstituição de todo o processo envolvido, há o reconhecimento do eu alheio e do eu próprio e, também, o conhecimento como autoconhecimento e o conhecimento do outro como diferente de mim.

Porém, o conhecimento não é só reconhecimento, o ato de conhecer pressupõe a experiência e a imaginação, o mundo do imaginário e do possível diferente do mundo real, mas que está estreitamente relacionado com a realidade social.

6. O sujeito como multiplicidade na unidade

Na obra *La imaginación y el arte en la infancia* (1930; 1990), Vygotsky, ao abordar a relação entre realidade e imaginação, assegurou o caráter não abstrato da especificidade humana. Iniciando sua análise pela realidade social formulou uma lei que subordinou a função imaginativa do homem à experiência histórica da humanidade. Nesta experiência histórica o homem fez a edificação de sua fantasia.

> Poderia ser explicado assim: a atividade criadora da imaginação se encontra em relação direta com a riqueza e a variedade da experiência acumulada pelo homem, porque esta experiência é o material com que ele ergue seus edifícios, a fantasia. Quanto mais rica for a experiência humana, tanto maior será o material de que dispõe essa imaginação. Por isso, a imaginação da criança é mais pobre que a do adulto, por ser menor sua experiência (VYGOTSKY, 1990: 17).

A imaginação está diretamente vinculada à experiência histórica e à experiência do sujeito, fato que levou Vygotsky a afirmar que o adulto, na relação com a criança, é o sujeito mais experiente e mais criativo.

Esta lei representa a dependência recíproca entre a realidade e a experiência, isto é, apresenta uma dupla dependência, qual seja, a imaginação está subordinada à experiência e esta está subordinada àquela.

Resulta, assim, uma dependência dupla e recíproca entre realidade e experiência. Se no primeiro caso a imaginação se apoia na experiência, no segundo caso é a experiência que se apoia na fantasia (VYGOTSKY, 1990: 20).

Nesta relação entre realidade e imaginação, Vygotsky introduziu o vínculo emocional, que segundo ele pode se manifestar de duas maneiras: os sentimentos influenciando na fantasia ou a imaginação influenciando nos sentimentos.

No primeiro caso – os sentimentos influindo na fantasia –, aceitou que todo sentimento e toda a emoção manifestam-se através de imagens congruentes com o estado de ânimo específico do sujeito, por exemplo, o medo tem uma manifestação externa e uma expressão interna que relaciona determinados pensamentos, imagens e impressões que garantem aquele sentimento.

Os estados de ânimo são manifestados de acordo com determinadas expressões externas e, também, com expressões internas de imagens da fantasia. Exemplificando, o homem simboliza a dor e o luto com a cor preta e a alegria e a paz com a cor branca.

A influência do componente emocional nas fantasias é referida pelos psicólogos como a "lei do signo emocional comum", que significa a tendência a unir tudo que provoca um efeito emocional coincidível, no qual elementos heterogêneos são vinculados num signo emocional aglutinante, pelo tom afetivo comum a esses elementos heterogêneos:

> Como exemplo, bem simples, desta combinação de imagens possuidoras de um signo emocional comum, pode-se citar casos correntes de aproximação de duas impressões quaisquer, que não têm entre si absolutamente nada, exceto que despertam em nós estados de ânimo coincidentes. Quando dizemos que a cor azul é fria e a vermelha é quente estamos aproximando os conceitos de vermelho e azul na única base de que despertam em nós estados de ânimo coincidentes. É fácil compreender que a fantasia, movida por fator emocional tal como a lógica interna dos sentimentos, aparecerá como o aspecto mais interno, mais subjetivo, da imaginação (VYGOTSKY, 1999: 22-23).

As imagens agrupadas em torno de um signo emocional comum carecem de vínculos racionais entre si, por isso são mais frequentes nos sonhos e nas ilusões, nos quais a imaginação extrapola as regras racionais de pensar e sentir.

No segundo caso – a imaginação influenciando nos sentimentos – Vygotsky referiu-se à "lei da representação emocional da realidade" que afirma que "todas as formas da representação criadora guardam em si elementos afetivos" (VYGOTSKY, 1990: 23). Tudo que acontece na fantasia influi reciprocamente nos sentimentos. Mesmo quando não coincidem com a realidade concreta, os sentimentos são experienciados como reais. Exemplificando, a experiência de uma ilusão na qual a criança penetra em uma casa escura e imagina um bandido: essa imagem do bandido é irreal mas os sentimentos são reais.

Essa experiência acontece com qualquer representação, por mais fantástica que seja; exemplos ilustrativos são as experiências emocionais com as obras de arte, os livros, o teatro, a música, etc., que despertam um complexo de sentimentos e emoções relacionadas à fantasia.

Os padecimentos e a sorte de personagens imaginários, suas aflições e alegrias nos emocionam contagiosamente em que pese sabermos bem que não são fatos reais, e sim elucubrações da fantasia. E isto se deve a que as emoções que nos contagiam, das páginas de um livro ou da cena de um teatro, através de imagens artísticas originárias da fantasia, essas emoções são por completo reais e as sofremos de verdade, séria e profundamente. Com frequência, uma simples combinação de impressões externas como, por exemplo, uma obra musical, desperta naquele que a escuta todo um complexo universo de sentimentos e emoções. A base psicológica da arte musical reside, precisamente, em estender e aprofundar os sentimentos, em reelaborá-los de modo criador (VYGOTSKY, 1990: 23-24).

Para Vygotsky são os sentimentos e os pensamentos, a atividade e a experiência que movem a criação humana. Tendo presente a complexidade deste pressuposto, relação entre realidade e imaginação na constituição do sujeito, a análise do sujeito não se limita à ordem do biológico e nem se localiza na ordem do abstrato, mas sim ao sujeito que é constituído e é constituinte de relações sociais. Neste sentido, o homem sintetiza o conjunto das relações sociais e as constrói.

O que é um homem? Para Hegel, ele é um sujeito lógico. Para Pavlov, é um soma, um organismo. Para nós, o homem é uma pessoa social = um agregado de relações sociais, *corporificado num indivíduo* (funções sociais construídas segundo a estrutura social) (VYGOTSKY, 1986: 45).

Pensar o homem como um agregado de relações sociais implica considerar o sujeito em uma perspectiva da polissemia, pensar na dinâmica, na tensão, na dialética, na estabilidade instável, na semelhança diferente. A conversão das relações sociais no sujeito social se faz por meio da diferenciação: o lugar de onde o sujeito fala, olha, sente, faz, etc., é sempre diferente e partilhado. Essa diferença acontece na linguagem, em um processo semiótico em que a linguagem é polissêmica.

Neste sentido, o sujeito não é um mero signo, ele exige o reconhecimento do outro para se constituir como sujeito em um processo de relação dialética. Ele é um ser significante, que tem o que dizer, fazer, pensar, sentir, tem consciência do que está acontecendo, reflete todos os eventos da vida humana.

O sujeito é constituído pelas conexões, relações interfuncionais, interconexões funcionais que acontecem na consciência e que conferem as diferenças entre os sujeitos. Não é a presença das funções psicológicas superiores que determinam a especificidade do sujeito, mas as interconexões que se realizam na consciência pelas mediações semióticas que manifestam diferentes dimensões do sujeito, entre elas: a afetividade, o inconsciente, a cognição, o semiótico, o simbólico, a vontade, a estética, a imaginação, etc.

O sujeito constituído e constituinte nas e pelas relações sociais é o sujeito que se relaciona na e pela linguagem no campo das intersubjetividades.

Desta maneira, Vygotsky definiu o sujeito como uma multiplicidade na unidade – "Eu sou uma relação social de *mim* comigo mesmo" (1986: 46) –, sendo o outro a mediação dessa relação.

No sujeito acontece o desdobramento do mim e do eu; essa duplicidade possibilita o contato consigo mesmo, "todo desenvolvimento consiste no fato de que o desenvolvimento de uma função vai do *mim* para *eu*" (VYGOTSKY, 1986: 44).

Neste sentido, o sujeito é uma unidade múltipla, que se realiza na relação eu-outro, sendo constituído e constituinte do processo sócio-histórico e a subjetividade é a interface desse processo.

CONSIDERAÇÕES FINAIS
Subjetividade, sujeito e psicologia

As reflexões de Vygotsky contêm a possibilidade da redefinição da dimensão psicológica humana e, concomitantemente, da reconstituição do objeto da psicologia, não só porque ele concebe a constituição sócio-histórica do sujeito e da subjetividade, mas porque, ao fazê-lo, transforma a concepção da natureza do fenômeno psicológico e a metodologia da psicologia.

Toda a sua construção teórico-metodológica visa a constituição do projeto de uma nova sociedade e de um novo homem.

Ao afirmar que as relações sociais são constitutivas do sujeito, não está apontando o determinismo sociocultural nem juntando-se àqueles que anulam o psicológico e o colocam como mero reflexo.

Apesar de partir da perspectiva reflexológica de sua época, Vygotsky vai além, pois o sujeito e a subjetividade não são mais tratados de forma isolada nem reduzidos às determinações sociais, assim como não são entendidos a partir das abstrações das condições sociais. Mas, muito pelo contrário, só existem como objetos psicológicos quando apanhados na sua natureza social.

Afirmando a constituição sócio-histórica dos processos psicológicos, Vygotsky não perde o sujeito nem a subjetividade, pois os fenômenos psicológicos são relações sociais convertidas no sujeito pela mediação semiótica.

Os fenômenos psicológicos são mediados e não imediatos, são constituídos nas e pelas relações sociais, porém não são simplesmente produtos delas.

Nesta perspectiva, o sujeito é "quase social", ele não apenas expressa o social e nem o coloca para dentro de si em situações artificiais, mas é na relação com os outros e por ela, é na linguagem e por ela que se constitui sujeito e é constituinte de outros sujeitos.

Vygotsky enfatiza a dimensão semiótica do sujeito e da subjetividade, apontando a importância dos processos de significação e dos processos dialógicos no campo da intersubjetividade face a face e da intersubjetividade anônima.

Por meio da mediação semiótica o sujeito se constituiu, mas essa constituição acontece no confronto eu-outro das relações sociais, considerando que viver a realidade social não é nem um evento circunstancial e nem um episódio ocasional, mas é o modo de ser do sujeito nas relações sociais.

Neste sentido, a subjetividade e o sujeito são compreendidos na realidade social e na vida social, vista esta como, primordialmente, histórica.

Os modos de determinação social e histórico conformam a constituição do sujeito e da subjetividade, os quais se transformam juntamente com as transformações sociais, mas sem desaparecerem nesse processo, visto ser um processo fundamentalmente interpsicológico e da ordem da intersubjetividade.

Desta forma, a referência ao social não é ao social genérico e abstrato, indiscriminado e absoluto, mas ao social constituído e constituinte de sujeitos historicamente determinados em condições de vida determinadas historicamente. Um social que é também subjetividade e intersubjetividade, cuja dinâmica se constitui na teia de relações entre sujeitos diferentes e semelhantes.

Desta maneira, são as relações sociais que devem ser interrogadas para a compreensão do fenômeno psicológico, mas relações sociais que ocorrem entre sujeitos. Sujeito localizado numa corporeidade que é biológica, semiótica, afetiva e histórico-social, portanto, ética.

Portanto, a pergunta adequada seria: como os sujeitos participam das práticas sociais e como eles são reconhecidos pelos outros e se reconhecem em determinadas práticas sociais?

Não se trata de inserir o sujeito na realidade social, pois este é o seu lugar – ele é o sujeito da atividade –, mas de operar com conceitos que explicam os fenômenos psicológicos como mediados, isto é, não como fenômenos abstratos ou epifenômenos, mas, sim, processos psicológicos constituídos no social, que ao mesmo tempo se diferenciam dele, configurando a unidade – identidade e diferenciação – entre social e psicológico.

Nesta perspectiva, a subjetividade não pode ser confundida nem com os processos intrapsicológicos nem com os processos interpsicológicos, mas é através dela e nela que se processa a dialética da relação interpsicológica e intrapsicológica.

A subjetividade manifesta-se, revela-se, converte-se, materializa-se e objetiva-se no sujeito. Ela é processo que não se cristaliza, não se torna condição nem estado estático e nem existe como algo em si, abstrato e imutável. É permanentemente constituinte e constituída. Está na interface do psicológico e das relações sociais.

Bakhtin (1992), para se referir a esta interface, que ele apresenta como o limite do organismo e do mundo exterior, emprega a noção de fronteira, na qual o psiquismo subjetivo se localiza.

A fronteira é entendida por Bakhtin como a região limítrofe de duas esferas da realidade, o organismo e o mundo, que se encontram no signo:

> Por natureza, o psiquismo subjetivo localiza-se no limite do organismo e do mundo exterior, vamos dizer, *na fronteira* dessas duas esferas da realidade. É nessa região limítrofe que se dá o encontro entre o organismo e o mundo exterior, mas este encontro não é físico: *o organismo e o mundo encontram-se no signo*. A atividade psíquica constitui a expressão semiótica do contato entre o organismo e o meio exterior. Eis por que o *psiquismo interior não deve ser analisado como uma coisa; ele não pode ser compreendido e analisado senão como um signo* (BAKHTIN, 1992: 49).

A subjetividade permeia os processos psicológicos e extrapola os limites da individuação de um sujeito. Ela se realiza no processo de conversão das relações interpsicológicas em relações intrapsicológicas por meio da mediação semiótica.

A temática do sujeito e da subjetividade, na obra de Vygotsky, ganha espaço prioritário, especialmente pelos esforços de não ontologizar estes dois processos em um ser abstrato, e nos esforços de não negar suas existências.

O sujeito possui estatuto ontológico e gnosiológico na teoria vygotskyana. Ele é um sujeito social e historicamente situado, é um sujeito determinado e não o sujeito abstrato da psicologia tradicional nem o sujeito epistêmico de Piaget, que é o sujeito do conhecimento, portanto a-histórico, mas também não é reflexo do social. Ele é "quase social".

Este sujeito adquire singularidade na relação com o outro, em relação ao outro, sendo o outro uma complexidade que se apresenta e se representa de diferentes modos, quais sejam, o outro corporificado, o outro imaginário, o outro difuso, o outro simbólico, outro anônimo, o outro generalizado, o outro oculto, o outro outro e o outro eu.

Assim, ser reconhecido pelo outro é ser constituído em sujeito pelo outro, na medida em que o outro reconhece o sujeito como diferente e o sujeito reconhece o outro como diferente. Eu me torno o outro de mim e me constituo a partir do outro. Então, subjetividade significa uma permanente constituição do sujeito pelo reconhecimento do outro e do eu.

Em um sentido amplo, pode-se considerar o mundo como o lugar de constituição da subjetividade, um mundo físico, biológico e, também, imaginário, simbólico e social.

É imanente à subjetividade a possibilidade e a potência da processualidade. Na subjetividade ocorrem os processos de singularização do sujeito, por exemplo, o processo de singularização estética, poética, etc.

Na dimensão da subjetividade encontra-se a consciência, a vontade, a intenção, a afetividade, o pensamento, etc. Por isso, Vygotsky, ao lidar com a consciência, com as funções, estruturas lógicas e processos psicológicos superiores está definindo claramente uma concepção de sujeito e de subjetividade que não está explícita na sua obra.

Ele rearticula pensamento/sentimento, cognição/emoção, conhecimento/experiência apresentando-os como passagens do social ao psicológico e vice-versa, que estão sempre se fazendo e se constituindo em relação ao outro, portanto, intersubjetivamente.

A subjetividade implica a intersubjetividade, porque não se trata de um sujeito isolado e aprisionado em seu mundo privado, mesmo no diálogo consigo (fala silenciosa e fala interior) e contendo aspectos não manifestados no espaço público, e, também, porque não se trata de um sujeito prisioneiro do mundo público, diluído no coletivo e reflexo das determinações. A subjetividade é a fronteira entre o público e o privado. Neste campo comum se cria um centro de condensação privado do sujeito, que não é o privado prévio, pois é constituído no mundo público, nem público prévio, pois é constituído na intersubjetividade.

Intersubjetividade enquanto campo simbólico, representacional, anônimo e face a face, que possibilita ao sujeito e à subjetividade o caráter de imprevisibilidade, ou seja, o aspecto criativo, imaginativo e a surpresa.

Na obra de Vygotsky não se encontram as respostas definitivas nem soluções dos dilemas da psicologia, mas ela rompe com a dicotomia entre o indivíduo e o social e entre o sujeito abstrato e o sujeito empírico, supera a transcendência do eu e a tirania do outro, acabando com a pretensão de tornar os sujeitos homogêneos e uniformes, meros reflexos da realidade social ou mônadas pensantes condutoras da história.

APÊNDICE
Metodologia de pesquisa

> Por mais individual que pareça, toda criação guarda sempre em si um coeficiente social. Nesse sentido, não existem inventos individuais no estrito sentido da palavra, em todos eles fica sempre alguma colaboração anônima (VYGOTSKY, 1990: 38).

Para realizar este trabalho teórico, cujo universo empírico são os textos de um autor, deparou-se com uma grande questão: Qual é a leitura mais apropriada para conhecer o pensamento de Vygotsky, ou seja, qual é o olhar diante da obra de Vygotsky, tendo em vista que sua obra sofreu diferentes interpretações e leituras por parte de seus seguidores e investigadores atuais, que há dificuldades de acesso direto aos textos de Vygotsky e, especialmente, o problema de pesquisa tratar-se de uma questão não explícita na obra do autor e às vezes negada por alguns especialistas?

Diversos são os aspectos que dificultaram o acesso direto a Vygotsky, dentre os quais se destaca:

1) É uma obra inacabada. A produção de Vygotsky foi interrompida pela sua morte prematura aos 38 anos de idade e seu pensamento foi desenvolvido por seguidores que enfatizam determinados aspectos em detrimento de outros.

2) O caráter intenso e variado da produção de Vygotsky, que percorre várias áreas do conhecimento, adquirindo diversas formas de atuação e intervenção.

3) A dificuldade de acesso a todos os textos de Vygotsky, pois alguns não foram publicados e outros não estão disponíveis. Recentemente, na Rússia, estão sendo editados os seis volumes das obras completas.

4) A obra de Vygotsky sofreu restrições e seus textos foram censurados no período do stalinismo, e alguns foram encontrados somente depois de muitos anos, como O significado histórico da

crise da psicologia; uma investigação metodológica (1927; 1996c), que só foi publicado em 1960. O livro *Pensamento e linguagem* (1934; 1993) foi retirado de circulação durante vinte anos, sendo reeditado em 1956 na Rússia e em 1962 nos Estados Unidos. Não só Vygotsky e suas obras foram censurados por Stalin, mas toda a perspectiva da teoria sócio-histórica da psicologia soviética, e, principalmente, a psicologia que estava vinculada aos membros da *Troika*: Vygotsky, Leontiev e Luria.

5) Os livros não foram revisados pelo autor e não se deve esquecer que os textos originais vêm mediados pelo espaço cultural, que inclui interpretações – corretas e errôneas – anteriores, e alguns textos passaram pelo crivo da psicologia norte-americana, como as traduções dos livros *A formação social da mente* (1984) e *Pensamento e linguagem* (1934; 1993), em que foram excluídas todas as referências filosóficas das obras.

6) As múltiplas e até conflituosas leituras e interpretações da obra vygotskyana.

Diante de tais dificuldades, justifica-se a metodologia que pode ser denominada de leitura e análise do subtexto, realizada em dois momentos.

1º momento: Contato exaustivo com a obra do autor, com os especialistas e com a literatura crítica

O primeiro momento apresenta três etapas:

Etapa 1: Leitura da obra acessível do autor – Essa etapa caracterizou-se pelo debruçar sobre as obras disponíveis. Estas foram lidas, inicialmente, de forma espontânea e, logo em seguida, buscou-se uma sistematização por meio do fichamento de textos.

As obras acessíveis foram: *Psicologia da arte* (1925; 1965; 1970); *O desenvolvimento dos processos psicológicos superiores* (1979); *A formação social da mente; o desenvolvimento dos processos psicológicos superiores* (1984)[1]; *História do desenvolvimen-*

---

1. Este livro foi elaborado por organizadores norte-americanos, a partir de outras obras: *Instrumento e Símbolo* (1930), *História do desenvolvimento das funções psicológicas superiores* (1931; 1960), *O desenvolvimento mental das crianças e o processo de aprendizado* (1935) e *Problemas de psicologia* (1966).

to das funções psíquicas superiores (1931; 1960; 1987); *Linguagem, desenvolvimento e aprendizagem* (1988). *Obras completas – Tomo 5 – Fundamentos de defectologia* (1930; 1989); *A imaginação e a arte na infância* (1930; 1990). *Obras escolhidas – Tomo 1 – Problemas teóricos e metodológicos da psicologia (inclui o significado histórico da crise da psicologia)* (1991); *Psicologia e pedagogia I; bases psicológicas da aprendizagem e do desenvolvimento* (1991a); *Psicologia e pedagogia II; investigações experimentais sobre problemas didácticos específicos* (1991b); *Pensamento e linguagem* (1934; 1993) e *Psicologia concreta do homem* (1986).

Paralelamente a essas leituras, foi realizado o levantamento da bibliografia das obras do autor, da bibliografia sobre a psicologia soviética e das dissertações e teses defendidas sobre o autor e as que desenvolviam os conceitos centrais da teoria vygotskyana, em São Paulo (na PUC e na USP) e em Campinas (na Unicamp). Foram consultados os estudos efetivados até o primeiro semestre de 1995.

A leitura dos textos acessíveis de Vygotsky não parecia suficiente para compreender o autor e para superar as dificuldades; por essa razão se fez necessário a procura de alguns especialistas em Vygotsky.

Etapa 2: Contato com especialistas nacionais e internacionais, representantes de diferentes leituras da obra de Vygotsky – Os especialistas consultados fazem parte de diversos grupos de estudos que apresentam como base a perspectiva sócio-histórica. A discussão da presente pesquisa com os especialistas ocorreu de duas formas: pela participação em seminários avançados e núcleos de pesquisa e por meio de entrevistas.

Participação no núcleo de pesquisa sobre "Consciência, atividade e suas mediações" do programa de Pós-graduação em Psicologia Social da PUC-SP, coordenado pela Profa.-dra. Bader Sawaia e pela Profa.-dra. Silvia Lane, durante o período de 1992 a 1995.

Participação no seminário sobre "Estudos avançados em Vygotsky" do programa de Pós-graduação em Psicologia da Educação, coordenado pela Profa.-dra. Cláudia Davis, durante o segundo semestre de 1994.

Participação no seminário sobre "O modelo histórico-cultural de psicologia e a questão do conhecimento", coordenado pelo

Prof.-Dr. Angel Pino, com a presença da Profa.-dra. Ana Luíza Smolka e da Profa.-dra. Maria Cecília Góes e organizado pelo Grupo de pesquisa "Pensamento e Linguagem", do programa de Pósgraduação em Psicologia da Unicamp, Campinas, no segundo semestre de 1994.

Participação na apresentação de projetos de pesquisa com a presença do Prof.-dr. Mário Golder da Universidade de Buenos Aires, no Laboratório de Psicologia Social da PUC-SP, no dia 02/09/94.

A procura por especialistas revelou a complexidade do autor em questão e a heterogeneidade e diversidade de leituras realizadas sobre ele. Esses interlocutores, mesmo os que pertencem a núcleos e grupos de pesquisas comuns, apresentam versões diferenciadas sobre a teoria vygotskyana. Pode-se afirmar que em alguns casos o alicerce é semelhante, mas a arquitetura é variada. Cada interlocutor manifesta uma versão específica sobre a questão da subjetividade e a constituição do sujeito em Vygotsky.

Alguns entrevistados esboçaram o conceito de subjetividade, mas pelo fato de que esse tema está em descobrimento, ou seja, em processo de desvelamento[2], inclusive para os próprios especialistas, não será exposta a identificação do entrevistado. Somente será utilizada a elaboração teórica gestada durante o diálogo, pois esta ainda não havia sido consubstanciada em produções científicas.

Os entrevistados foram: Prof.-dr. Angel Pino da Unicamp, Campinas; Prof.-dr. Jaan Valsiner do Programa de Psicologia do Desenvolvimento da Universidade de Carolina do Norte, Estados Unidos; Prof.-dr. Mário Golder da Universidade de Buenos Aires, Argentina; Profa.-dra. Marta Kohl de Oliveira, da USP-SP, e Profa.-dra. Miriam Warde, coordenadora do Programa de Pós-graduação em História e Filosofia da Educação da PUC-SP.

Enfatizam-se, neste momento, algumas orientações possíveis para a apropriação da questão da subjetividade e do sujeito em Vygotsky, que emergiram das entrevistas.

Constata-se indicações diversas: um interlocutor enfatizou mais os determinantes históricos, outro priorizou a fase literária de

---

2. Vale ressaltar que essa pesquisa foi realizada no momento em que não havia produções científicas específicas sobre as temáticas em questão.

Vygotsky, enquanto que outro sinalizou a obra na sua totalidade, especialmente a proposta de desenvolvimento humano. Ainda nas entrevistas, um quarto interlocutor viabilizou o estudo da subjetividade através da categoria da consciência e da mediação semiótica, e, finalmente, um interlocutor pontuou o débito de Vygotsky para com Hegel.

O entrevistado A, ao comentar o presente estudo, fez algumas considerações a respeito de Vygotsky e sobre a temática da subjetividade. Enfatizou os aspectos históricos determinantes do fato de Vygotsky não ter elaborado explicitamente a temática da subjetividade, levantou distintos níveis de determinação tanto relacionados à superestrutura histórica, social e política, quanto aos situados na história da psicologia, como o combate dentro das teorias psicológicas.

Mencionou que, embora Vygotsky estivesse mais preocupado com a determinação social da consciência e com os grandes problemas da população da antiga Rússia, como o analfabetismo, e o que já está publicado refere-se mais à linguagem e ao pensamento, isso não quer dizer que não estava na intenção do autor pesquisar sobre a temática da subjetividade.

Observou que Vygotsky tinha uma formação muito ampla e humanística, em que não poderia faltar o tema da subjetividade. Mencionou que a obra *Psicologia da arte* revela elementos próximos da psicologia dinâmica de Freud.

Assinalou a releitura da *Ética* de Espinosa pelos continuadores da terceira ou quarta geração de Vygotsky, não somente a leitura de Hegel e Marx, mas a temática da subjetividade em Espinosa, os valores éticos e os valores humanos, sendo muito importante ver como Vygotsky toma Espinosa.

Pontuou o signo linguístico e a linguagem como uma maneira de construção da subjetividade, porém acrescentou que isso foi menos trabalhado por Vygotsky e pelos continuadores. Ressaltou que esses temas eram considerados tabus na época.

Analisou o desenvolvimento da teoria sócio-histórica e observou níveis em espiral: o primeiro é o nível da neurofisiologia, pela primeira vez realizado por psicólogos; o segundo é o dos processos psicológicos superiores, como memória, atenção voluntária e formação de conceitos; o terceiro é o da motivação, problema da vontade e dos impulsos éticos e morais que dirigem os caminhos do homem. Afirmou que "essa é a problemática do final deste século e início do século XXI".

Nas observações deste entrevistado, ficou claro que só é possível entender Vygotsky situando-o na sua época, contextualizando-o no debate emergente do momento histórico.

O entrevistado B declarou que a questão do indivíduo e da subjetividade estava muito clara para Vygotsky, mas não é tão transparente nas interpretações de Vygotsky e nos seus seguidores.

Apresentou uma leitura de Vygotsky localizando, principalmente, as influências da psicologia alemã, as figuras de Kurt Lewin, William Stern e Karl Bühler.

Sugeriu a análise da produção literária de Vygotsky, antes de sua entrada na psicologia, em 1924, para refletir sobre essas questões, especialmente as obras *Psicologia da arte* e *A tragédia de Hamlet*. A leitura dessas duas obras também foi sugerida pelo entrevistado A.

Para analisar a *Psicologia da arte* o entrevistado B sugeriu a leitura de Ivan Bunin, a obra *O cavaleiro de São Francisco*, mas o mais fundamental é considerar os aspectos que Vygotsky ressaltou na análise de *A tragédia de Hamlet*.

No diálogo com o entrevistado C, foi enfatizado o débito de Vygotsky para com Hegel. Caracteriza-se o encontro com o entrevistado C como informal, embora solicitado com hora marcada, rápido e extremamente significativo pela enunciação de uma pressuposição que possibilitou o salto qualitativo deste projeto: a afirmação de que a categoria do sujeito tem estatuto ontológico e gnosiológico em Vygotsky.

A partir do pressuposto de que o sujeito, como ser social, percorre toda a obra de Vygotsky, a questão deixa de ser a afirmativa ou negativa de uma teoria da subjetividade em Vygotsky. O ponto nodal passa a ser o modo de conceber a constituição da subjetividade.

O entrevistado D mencionou que o tema selecionado é o coração da psicologia e que está na obra de Vygotsky, na sua proposta de desenvolvimento humano. Declarou que um paradigma, ao negar a subjetividade do sujeito, está definindo uma teoria do sujeito. Sugeriu como interlocutores para a presente pesquisa o Prof.-dr. Jaan Valsiner e os pesquisadores da Unicamp, especialmente a Profa.-dra. Ana Luíza Smolka.

O entrevistado E observou que, como categoria específica, a subjetividade não aparece na obra de Vygotsky. Encontra-se nela a categoria da consciência, que explicita uma ideia de sujeito e de subjetividade, mas não de forma direta. Recomendou a delimitação do problema de pesquisa na teoria sócio-histórica de Vygotsky, sugerindo desconsiderar a fase literária do autor.

Declarou que a partir de Vygotsky é possível pensar a questão do sujeito e da subjetividade, mas é necessário recompor e rearticular com outras ideias e autores. Instrumentalizou através da dimensão dialógica da linguagem em Bakhtin, a ideia do outro em Wallon, a noção de interpelação em Althusser e o conceito de indivíduo social em Castoriadis.

Pelo fato de dois entrevistados, entrevistado A e B, recomendarem a análise da fase literária de Vygotsky para pensar a problemática da subjetividade, tornou-se necessário buscar subsídios, além dos sinalizados por eles. Para entender a produção literária de Vygotsky, foi realizada uma entrevista com o Prof.-dr. Bóris Schnaiderman, especialista em literatura e língua russa, que assinalou alguns problemas de tradução e de publicação.

Ele esclareceu que na língua russa a palavra subjetividade existe e tem a mesma origem latina[3]. Os russos, naquela época, não usavam a palavra semiótica, mas, sim, sígnica; usavam signo e sinal. Essa distinção de signo e sinal varia de uma língua para outra.

Observou a diferença entre os períodos de 1915 – quando Vygotsky escreveu sua monografia *A tragédia de Hamlet: príncipe da Dinamarca*, de W. Shakespeare – e 1925, quando foi escrito um capítulo sobre *A tragédia de Hamlet: príncipe da Dinamarca* na obra *Psicologia da arte*.

Em 1915, estava presente na Rússia a marca do simbolismo, que foi um movimento de raízes muito fortes. O simbolismo teve

---

[3]. De acordo com o *Novo Dicionário Aurélio da Língua Portuguesa* (1986), Subjetividade. S. f. Qualidade ou caráter de subjetivo. Subjetivo (Do lat. *subjectivu*).

sua poesia, filosofia, concepção literária, ficção e passou a utilizar raízes da própria cultura russa. Os simbolistas russos, de modo geral, consideravam-se herdeiros de Dostoievski.

Em 1925, o panorama é completamente diferente: o simbolismo ficou bastante distante. Na Rússia, as transformações foram tão violentas e rápidas que 1915 e 1925 representam dois mundos diferentes.

O Prof.-dr. Bóris identificou Vygotsky como um pensador marxista cuja fonte filosófica é Hegel. Observou que, na época, ser marxista e não ser marxista ortodoxo era pior do que ser antimarxista. A grande preocupação do momento era conciliar as noções de indivíduo e de coletivo.

Quando questionado sobre a relação entre indivíduo e coletividade, mencionou que a coletividade atenderia à preocupação com o indivíduo e considerou que foi um período de grandes utopias, em que era possível manter a preocupação no indivíduo e não dissolvê-lo no coletivo.

Na tentativa de buscar noções precisas e necessárias para compreender esse momento, o Prof.-dr. Bóris recomendou a leitura dos livros *Diálogos* e *linguística e comunicação*, de Jakobson; o prefácio de *Teoria da literatura, formalistas russos*; a leitura de *Marxismo e filosofia da linguagem*, de Bakhtin.

Esta segunda etapa, de contato com especialistas, foi marcada pelo acesso à literatura crítica de Vygotsky. Os especialistas indicavam leituras de comentadores que consideravam mais relevantes para o objeto de investigação.

Etapa 3: Leitura da literatura crítica – A leitura dos comentadores e críticos do autor permitiu a configuração de um panorama das principais contribuições e debilidades apontadas por esses autores, além das possíveis leituras e interpretações da teoria vygotskyana.

Os autores trabalhados foram: Smolka et al. (1995), Kozulin (1994), Jobim e Souza (1994), Daniels (org.) (1994), Freitas (1994), Smolka e Góes (orgs.) (1993), Smolka (1992; 1993), Pino (1991; 1992; 1993), Góes (1991; 1992; 1993), Páez e Adrián (1993), Oliveira (1992a; 1992b; 1993), Kramer (1993), La Taille et al. (1992), Maier (org.) (1992), Ratner (1991), Wertsch (1988), Rivière (1988), Siguán (org.) (1987), Golder (1986) Bronckart et al. (1985), Mecacci (1983), Munné (1982) e Davis (s.d.).

Os livros que o Prof.-dr. Mário Golder enviou de Buenos Aires, que são: Moll (org.) (1993), Shuare (1990), Puziréi (org.) (1989), Berdichevsky et al. (1988), Shuare (org.) (1987), Blanck (ed.) (1984), Galperin (1979).

Os livros que o Prof.-dr. Jaan Valsiner trouxe dos Estados Unidos e dos quais sugeriu a leitura: Van der Veer e Valniser (1991; 1996).

Os diversos artigos: 14 artigos do Prof.-dr. Jaan Valsiner, enviados pelo autor, da Universidade de Carolina do Norte, Estados Unidos, após a entrevista sobre a presente pesquisa.

O critério para a leitura da literatura crítica foi a acessibilidade, independentemente da postura teórica desses autores.

Neste momento, buscou-se o esclarecimento e a compreensão da teoria vygotskyana e descobriu-se a diversidade de enfoques pela heterogeneidade de leituras; com isso, foi possível elaborar mais dúvidas e incertezas.

Mas essas leituras, também, possibilitaram a estruturação dos pontos fundamentais na obra do autor através do arranjo e organização das ideias, e acenaram na direção das questões e textos da obra de Vygotsky a serem submetidos à análise subtextual.

Os textos selecionados para a pesquisa sobre a constituição do sujeito e sobre a subjetividade, nas reflexões da obra de Vygotsky, foram: "Os métodos de investigação reflexológicos e psicológicos" (1924; 1926; 1996b), "O significado histórico da crise da psicologia; uma investigação metodológica" (1927; 1996c), "A consciência como problema da psicologia do comportamento" (1925; 1996d), "O método instrumental na psicologia" (1930; 1960; 1996e), "O problema da consciência" (1933; 1968; 1996f), *História do desenvolvimento das funções psíquicas superiores* (1931; 1960; 1987), *Pensamento e linguagem* (1934; 1993), *Psicologia concreta do homem* (1986) e *A imaginação e a arte na infância* (1930; 1990).

2º momento: Leitura e análise subtextual

A busca do subtexto é uma análise sugerida pelo próprio Vygotsky na sua teoria da relação entre pensamento e linguagem, na qual utiliza a metáfora da nuvem como sendo o pensamento descarregando uma chuva de palavras. Considera que na fala sempre existe um pensamento oculto, e no texto um subtexto, já que o pensamento não é imediatamente expresso em palavras, pois é mediado pelo significado:

> Um pensamento pode ser comparado a uma nuvem descarregando uma chuva de palavras. Exatamente porque um pensamento não tem um equivalente imediato em palavras, a transição do pensamento para a palavra passa pelo significado. Na nossa fala há sempre o pensamento oculto, o subtexto (VYGOTSKY, 1993: 129).

Vygotsky sempre estava atento às questões que não se apresentavam de forma direta, mas que nem por isso deixavam de ser objetivas. A valorização do que é apreendido indireta e mediadamente se configurou num foco de preocupação para Vygotsky, tanto que enfatizou que sempre há algum tipo de subtexto nas frases, quer sejam da vida cotidiana quer sejam dos textos científicos. Afirma que sempre há um pensamento oculto por trás das frases: "Todas as frases que dizemos na vida real possuem algum tipo de subtexto, um pensamento oculto por trás delas" (VYGOTSKY, 1993: 128).

Mário Golder[4] afirmou que temos que, como psicólogos, entender a subjetividade no subtexto. Por detrás dos processos psíquicos superiores e por detrás da determinação neurofisiológica está o homem, e o homem buscando sua motivação subjetiva, sua aspiração.

Para Vygotsky, o pensamento é gerado pela motivação, ou seja, pelos desejos, necessidades, interesses e emoções. Ressalta a tendência afetivo-volitiva geradora do pensamento:

> O pensamento propriamente dito é gerado pela motivação, isto é, por nossos desejos e necessidades, nossos interesses e emoções. Por trás de cada pensamento há uma tendência afetivo-volitiva (VYGOTSKY, 1993: 129).

Compor o subtexto não é apenas contextualizar, é dialogar, é buscar o implícito, os desejos e necessidades que motivam inte-

---

4. Encontro no Laboratório de Psicologia Social da PUC-SP, em 02/09/1994.

resses coroados de emoções. É, também, projetar o discurso na história:

> O itinerário pelo discurso não se esgota no interior do próprio discurso, mas se projeta na História. É preciso levar em conta o intertexto para ler o texto (FIORIN, 1993: 77).

Levar em conta o intertexto para analisar o texto exige um movimento dinâmico e fluido para que o subterrâneo possa emergir nos instantes precisos, possibilitando o diálogo vertical e horizontal com os próprios interlocutores do autor nos textos que estão disponíveis e são acessíveis, com os comentadores e seguidores do autor, assim como com os interlocutores da pesquisadora.

Procedimentos para a leitura e análise do subtexto

A leitura e análise da obra de Vygotsky exigiu um plano metateórico para a sua compreensão. Vygotsky não criou um sistema fechado e acabado para a psicologia, e se o leitor ficar preso a uma leitura interna irá apreender um modelo de psicologia em Vygotsky que não representa a proposta nem a postura do autor.

Os termos sujeito e subjetividade não aparecem, explicitamente, nas obras acessíveis de Vygotsky.

É necessário compreender o pensamento do autor:

> A compreensão é o resultado do nível de interação que os indivíduos conseguem estabelecer entre o verbal e o extraverbal, entre a palavra e o afetivo-emocional que flui na interação entre as pessoas (JOBIM & SOUZA, 1994: 136).

Para realizar a análise subtextual dos textos selecionados, acima citados, foram considerados como referentes todos os conhecimentos armazenados na leitura das obras disponíveis e acessíveis do autor, na leitura dos seguidores e comentadores de Vygotsky, ou seja, na literatura crítica, e, também, nas discussões com os especialistas nacionais e internacionais, por meio de entrevistas e seminários.

As leituras para a análise subtextual foram realizadas em um movimento em espiral, no qual as questões foram retomadas em um nível superior, recapituladas e introduzidas em novas problemáticas, considerando que a compreensão da teoria implica uma rede conceitual imbricada, atravessada e sustentada por pressupostos básicos.

Nesta trajetória, muitos encontros, desencontros e obstáculos foram experimentados na busca do próprio discurso dialético, que mostra a necessidade de se passar de um lugar para outro, da passagem e do movimento, desvelando o sentido da caminhada e a recuperação dos diferentes momentos de articulação de um saber que quer se justificar e quer se colocar.

A seguir, será apresentado um relato sucinto dos diferentes momentos realizados, que se imbricaram e se sobrepuseram.

a) *Situar historicamente* – Houve necessidade de considerar o momento histórico, cultural, social e político da antiga Rússia, da psicologia e da psicologia social soviética. Inserir o autor nas circunstâncias da ciência psicológica daquele momento histórico, contextualizando-o nas condições que favoreceram a emergência de um novo enfoque na psicologia, mas, paradoxalmente, que impediram sua consolidação, *a posteriori*. Uma pergunta ressoava: como, num país como a Rússia, em plena efervescência do coletivo e da coletividade, poderia alguém falar sobre a subjetividade e sobre o sujeito?

Desta forma, iniciou-se a pesquisa contextualizando historicamente o momento científico, político e histórico da época do autor.

b) *História de vida* – Considerou-se a formação pessoal de Vygotsky, entendendo pessoal como familiar, intelectual, cultural e social. Estava-se diante de uma trajetória de vida que favoreceu essa construção. Sua história de vida trouxe o cenário que propiciou o traço distintivo de sua proposta; vale lembrar que Vygotsky era um pensador na interdisciplinaridade, eminentemente filosófico. Como ele ressaltava, "Uma compreensão plena e verdadeira do pensamento de outrem só é possível quando entendemos sua base afetivo-volitiva" (VYGOTSKY, 1993: 129).

A composição do cenário e da história de vida de Vygotsky possibilitou o mergulho na sua perspectiva teórico-metodológica, junto com o reconhecimento dos seus interesses, motivações, necessidades, desejos e afetos, ou seja, sua base afetivo-volitiva.

c) *Estilo de pensamento* – Este aspecto está relacionado com a retórica discursiva do autor. Ele construiu sua obra dialogando com outros autores. Como pode ser observado em quase todos os seus textos disponíveis, Vygotsky vai esboçando sua teoria a partir da constatação de que as análises psicológicas realizadas pelos sistemas de psicologia de sua época eram limitadas. Através da argumentação desconstrutivista do que estava acontecendo até então, foi elaborando sua análise metateórica. Vygotsky reconstituiu o campo da ciência psicológica no diálogo com inúmeros autores, tanto criticando quanto concordando.

d) *Filiação teórico-metodológica e filosófica* – Considerando-se a complexidade do pensamento e a interdisciplinaridade dos problemas abordados pelo autor, não se pode pretender identificar Vygotsky com uma ou outra tradição filosófica ou com alguns teóricos, mas entender como ele usou diferentes interlocutores na composição de sua construção teórico-metodológica.

e) *Movimento das ideias* – Alguns comentadores estabelecem uma divisão no pensamento de Vygotsky, e para traçar essa linha divisória utilizam a referência do II Congresso de Psiconeurologia, que ocorreu em 6 de janeiro de 1924, em Leningrado – Moscou. Este evento é significativo, pois representa a data da entrada oficial de Vygotsky na psicologia.

No entanto, não serão enfocados aspectos cronológicos como fatores divisórios do pensamento de Vygotsky. A opção feita consiste em sinalizar os diferentes momentos da sua produção teórica tendo como critério as mudanças nas temáticas, por considerá-las mais relevantes para a compreensão da totalidade da obra do autor.

Na leitura das obras acessíveis de Vygotsky pode-se identificar três grandes temáticas.

A primeira temática é a Estética. Os textos mais significativos para ilustrar essa temática são *Psicologia da arte* (1925) e *A tragédia de Hamlet* (1916). Esse momento, na produção do autor, é identificado como a fase literária de Vygotsky.

A segunda temática é a metateórica, na obra "O significado histórico da crise da psicologia – Uma investigação metodológica" (1927). Este texto representa um momento ímpar de sua elaboração, o marco distintivo entre a preparação e a superação de seu pensamento.

Para Rivière (1988) este texto ocupa uma posição intermediária entre seus primeiros trabalhos e os escritos em que elaborou a teoria da origem e natureza social das funções psicológicas superiores.

Kozulin (1994) qualifica este texto, a partir de um ponto de vista estilístico, como um fragmento da corrente de consciência projetada sobre o papel, com saltos e pausas característicos do diálogo interior:

> [...] a crise é como um fragmento da corrente de consciência de Vygotsky projetada sobre o papel, com os giros abruptos, os saltos e pausas elípticas próprios do diálogo interior (KOZULIN, 1994: 88).

E a terceira temática é a teoria sócio-histórica dos processos psicológicos superiores, momento em que Vygotsky definiu claramente os conceitos e as categorias fundamentais para a compreensão do homem. Dentro desta temática, pode-se estabelecer duas fases distintas na produção de Vygotsky.

A primeira fase, quando desenvolve a teoria sócio-histórica das funções psicológicas superiores, como pode ser analisado nos textos de 1928 a 1932.

A segunda fase, quando Vygotsky esboça a concepção semiótica da consciência, isto é, a estruturação e organização semiótica da consciência, na dimensão da significação; além disso, enfatiza a relação entre pensamento e linguagem e a relação entre cognição e afetividade. Este momento em que Vygotsky penetrou no campo da significação aconteceu de 1933 até sua morte em 1934; as obras representativas deste período são *Pensamento e linguagem*, de 1934, e *O problema da consciência*, de 1933.

Este trabalho está apoiado na segunda e na terceira temática, assim como no momento de entrada de Vygotsky na psicologia, ou seja, este estudo transita de 1924 a 1934.

As recomendações dos entrevistados, especialmente de dois, de trabalhar com a fase literária na produção do autor, foram consideradas e, inclusive, durante um certo período mereceram estudo especial, mas priorizou-se o aprofundamento da teoria sócio-histórica devido à abrangência e à complexidade exigidas por ela, deixando a temática da estética para estudos posteriores.

f) Diferentes leituras da constituição do sujeito e da subjetividade – Do encontro da literatura crítica com as entrevistas surgiram muitos materiais. Dentre eles separaram-se os mais relevantes para legitimar a discussão sobre a constituição do sujeito e da subjetividade em Vygotsky. Os interlocutores selecionados foram: Jaan Valsiner, representando a perspectiva mais intrapsicológica do enfoque sócio-histórico, e Wertsch, fazendo o contraponto através da perspectiva mais interpsicológica.

E como alternativa a essas duas posições, com uma perspectiva mais dialética, os pesquisadores da Unicamp, Ana Luíza Smolka, Maria Cecília Góes e Angel Pino.

Considerando que há diferentes modos de conceber a constituição do sujeito e da subjetividade e diferentes leituras da teoria vygotskyana, existem diferentes referentes das reflexões de Vygotsky, isto é, o reconhecimento dos referentes possibilita diferentes leituras.

g) A contextura da polissemia – O presente livro, portanto, foi tecido na polissemia, no encontro dos textos de Vygotsky com os textos de literatura crítica, os discursos dos entrevistados e a motivação (desejo, necessidade, interesse e emoção) da pesquisadora e da sua orientadora, Profa.-dra. Bader Burihan Sawaia.

REFERÊNCIAS

BAKHTIN, M. (1992) [VOLOCHINOV, V.N.]. *Marxismo e filosofia da linguagem*. São Paulo: Hucitec.

BERDICHEVSKY, F. et al. (1988). *Psicología y nuevos tiempos* – Una aproximación epistemológica. Buenos Aires: Cartago.

BLANCK, G. (org.) (1984). *Vygotsky*: memoria y vigencia. Buenos Aires: Cultura & Cognición.

BRONCKART, J.-P. et al. (1985). *Vygotsky aujourd'hui*. Paris/Niestlé: Neuchâtel/Delachaux.

CARPINTERO, H. (1987). "La evolución de la escuela psicológica rusa: un caso singular?" In: SIGUÁN, Miquel (org.). *Actualidad de Lev S. Vygotsky*. Barcelona: Anthropos.

DANIELS, H. (org.) (1994). *Vygotsky em foco*: pressupostos e desdobramentos. Campinas: Papirus.

DAVIS, C. (s.d.). *O construtivismo de Piaget e o sociointeracionismo de Vygotsky* [mimeo].

DOMÍNGUEZ, B.J. (1994). "Cambios sociopolíticos y desarrollos históricos en psicología". In: MONTERO, Maritza (org.). *Construcción y crítica de la psicología social*. Barcelona/Caracas: Anthropos/Universidad Central de Venezuela.

FIGUEIREDO, L.C.M. (1991a). *Psicologia*: uma introdução. São Paulo: Educ.

_____ (1991b). *Matrizes do pensamento psicológico*. Petrópolis: Vozes.

_____ (1992). *A invenção do psicológico* – Quatro séculos de subjetivação (1500-1900). São Paulo: Educ/Escuta.

FREITAS, M.T.A. (1994). *O pensamento de Vygotsky e Bakhtin no Brasil*. Campinas: Papirus.

GALPERIN, P.Y. (1979). *Introducción a la psicología un enfoque dialéctico*. Madri: Pablo del Río.

GÓES, M.C.R. (1993). "Os modos de participação do outro nos processos de significação do sujeito". *Temas em Psicologia*, 1, p. 1-5. Ribeirão Preto: Soc. Brasileira de Psicologia.

_____ (1992). "Os modos de participação do outro no funcionamento do sujeito". *Educação e Sociedade*, 42, p. 336-341. Campinas: Cedes/Papirus.

_____ (1991). "A natureza social do desenvolvimento psicológico". *Cadernos Cedes*, 24, p. 17-24. Campinas: Cedes/Papirus.

GOLDER, M. (1986). *Reportajes contemporáneos a la psicologia Sovietica*. Buenos Aires: Cartago.

JOBIM E SOUZA, S. (1994). *Infância e linguagem*: Bakhtin, Vygotsky e Benjamin. Campinas: Papirus.

KOZULIN, A. (1994). *La psicología de Vygotsky*. Madri: Alianza.

KRAMER, S. (1993). *Por entre as pedras* – Arma e sonho na escola. São Paulo: Ática.

LA TAILLE, Y. de et al. (1992). *Piaget, Vygotsky, Wallon*: teorias psicogenéticas em discussão. São Paulo: Summus.

LEITE, L.B. (1991). "As dimensões interacionistas e construtivistas em Vygotsky e Piaget". *Cadernos Cedes*, 24, p. 25-31. Campinas: Cedes/Papirus.

LURIA, A.R. (1988). "Vygotsky". In: VYGOTSKY, L.S. et al. *Linguagem, desenvolvimento e aprendizagem*. São Paulo: Ícone/USP.

LURIA, A.R. et al. (1991a). *Psicologia e pedagogia* – I: Bases psicológicas da aprendizagem e do desenvolvimento. Lisboa: Estampa.

_____ (1991b). *Psicologia e pedagogia* – II: Investigações experimentais sobre problemas didácticos específicos. Lisboa: Estampa.

MAIER, R. (org.) (1992). *Internalization*: conceptual issues and methodological problems. Netherlands: Rijksuniversiteit Utrecht.

MECACCI, L. (1983). *Vygotsky*: antologia di scritti a cura di Luciano Mecacci. Bologna: Il Mulino.

MOLL, L.C. (org.) (1993). *Vygotsky y la educación* – Connotaciones y aplicaciones de la psicología sociohistórica en la educación. [Argentina]: Aique.

MUNNÉ, F. (1982). *Psicologias sociales marginadas* – La linea de Marx en la psicologia social. Barcelona: Hispano Europea.

OLIVEIRA, M.K. (1992a). "O problema da afetividade em Vygotsky". In: LA TAILLE, Yves de et al. *Piaget, Vygotsky, Wallon* – Teorias psicogenéticas em discussão. São Paulo: Summus.

_____ (1992b). "Três perguntas a vygotskyanos, wallonianos e piagetianos". In: LA TAILLE, Yves de et al. *Piaget, Vygotsky, Wallon* – Teorias psicogenéticas em discussão. São Paulo: Summus.

_____ (1992c). "Vygotsky: alguns equívocos na interpretação de seu pensamento". *Cadernos de Pesquisa*, 81, p. 67-69. São Paulo: Fund. Carlos Chagas.

_____ (1993). *Vygotsky: aprendizado e desenvolvimento* – Um processo sócio-histórico. São Paulo: Scipione.

PÁEZ, D. & ADRIÁN, J.A. (1993). *Arte, lenguaje y emoción* – La función de la experiencia estética desde una perspectiva vygotskyana. Madri: Fundamentos.

PINO, A. (1993). "Processos de significação e constituição do sujeito". *Temas de Psicologia*, 1, p. 17-24. Ribeirão Preto: Soc. Brasileira de Psicologia.

_____ (1992). "As categorias de público e privado na análise do processo de internalização". *Educação e Sociedade*, 42, p. 315-327. Campinas: Cedes/Papirus.

_____ (1991). "O conceito de mediação semiótica em Vygotsky e seu papel na explicação do psiquismo humano". *Caderno Cedes*, 24, p. 32-43. Campinas: Cedes/Papirus.

PUZIRÉI, A. (org.) (1989). *El proceso de formación de la psicologia marxista*: L. Vygotsky, A. Leontiev, A. Luria. Moscú: Progreso.

RATNER, C. (1991). *Vygotsky's sociohistorical psychology and its contemporary applications*. Nova York: Plenum.

RIVIÈRE, A. (1988). *La psicología de Vygotsky*. Madri: Visor.

SAWAIA, B.B. (1995). "Psicologia social: aspectos epistemológicos e éticos". In: LANE, S.T.M. & SAWAIA, B.B. (orgs.). *Novas veredas da psicologia social*. São Paulo: Brasiliense/Educ.

SCHNAIDERMAN, B. (1979). *Semiótica russa*. São Paulo: Perspectiva.

_____ (1971). *Teoria da literatura* – Formalistas russos. Porto Alegre: Globo [Prefácio].

SHUARE, M. (1990). *La psicología soviética tal como yo la veo*. Moscú: Progreso.

SHUARE, M. (org.) (1987). *La psicología evolutiva y pedagogia en la URSS* – Antología. Moscú: Progreso.

SIGUÁN, M. (org.) (1987). *Actualidad de Lev S. Vygotsky*. Barcelona: Anthropos.

SMOLKA, A.L.B. (1993). "Construção de conhecimento e produção de sentido: significação e processos dialógicos". *Temas de Psicologia*, 1, p. 7-15. Ribeirão Preto: Soc. Brasileira de Psicologia.

_____ (1992). "Internalização: seu significado na dinâmica dialógica". *Educação e Sociedade*, 42, p. 328-335. Campinas: Cedes/ Papirus.

SMOLKA, A.L.B. & GÓES, M.C.R. (orgs.) (1993). *A linguagem e o outro no espaço escolar* – Vygotsky e a construção do conhecimento. Campinas: Papirus.

SMOLKA, A.L.B. et al. (1995). "The constitution of the subject: a persistent question". In: WERTSCH, J. et al. *Sociocultural studies of mind*. Nova York: Cambrigde University Press, p. 165-184.

VALSINER, J. (1994). *Personal culture and antisocial conduct* [Paper presented at the XII Congress of Cross-Cultural Psychology, Pamplona, Navarra, Spaim].

_____ (1993). "Bi-directional cultural transmission and constructive sociogenesis". In: MAIER, R. & GRAAF, W. (orgs.). *Mechanisms of sociogenesis*. Nova York: Springer.

VAN DER VEER, René (1987). "El dualismo en psicología: un análisis vygotskyano". In: SIGUÁN, Miquel (.org.). *Actualidad de Lev S. Vygotsky*. Barcelona: Anthropos.

VAN DER VEER, R. & VALSINER, J. (1994). *The Vygotsky reader*. Cambridge/Massachusetts: Blackwell.

_____ (1991). *Understanding Vygotsky*: a quest for synthesis. Cambridge/Massachusetts: Blackwell [Tradução brasileira: *Vygotsky*: uma síntese. São Paulo: Unimarco/Loyola, 1996].

VYGOTSKY, L.S. (1996a). *Teoria e método em psicologia*. São Paulo: Martins Fontes.

_____ (1996b). "Os métodos de investigação reflexológicos e psicológicos". *Teoria e método em psicologia*. São Paulo: Martins Fontes.

_____ (1996c). "O significado histórico da crise da psicologia – Uma investigação metodológica". *Teoria e método em psicologia*. São Paulo: Martins Fontes.

_____ (1996d). "A consciência como problema da psicologia do comportamento". *Teoria e método em psicologia*. São Paulo: Martins Fontes.

_____ (1996e). "O método instrumental em psicologia". *Teoria e método em psicologia*. São Paulo: Martins Fontes.

_____ (1996f). "O problema da consciência". *Teoria e método em psicologia*. São Paulo: Martins Fontes.

_____ (1993). *Pensamento e linguagem*. São Paulo: Martins Fontes.

_____ (1990). *La imaginación y el arte en la infancia*. Madri: Akal.

_____ (1989). *Fundamentos de defectología*. Havana: Pueblo y Educación [*Obras completas*, Tomo 5].

_____ (1987). *Historia del desarrollo de las funciones psíquicas superiores*. Havana: Científico-técnica.

_____ (1986). *Psicologia concreta do homem* [Manuscrito inédito de Vygotsky – Texto russo, copyright pela Universidade de Moscou, Vestn. Mosk. Un-ta Ser. 14. *Psikhologiya*, 1, p. 51-64].

_____ (1984). *A formação social da mente*. São Paulo: Martins Fontes.

_____ (1979). *El desarrollo de los procesos psicológicos superiores*. Barcelona: Crítica.

_____ (1970). *Psicología del arte*. Barcelona: Barral.

VYGOTSKY, L.S. et al. (1988). *Linguagem, desenvolvimento e aprendizagem*. São Paulo: Ícone/USP.

WERTSCH, J.V. (1993). "La voz de la racionalidad en un enfoque sociocultural de la mente". In: MOLL, Luis (org.). *Vygotsky y la educación – Connotaciones y aplicaciones de la psicología sociohistórica en la educación*. [Argentina]: Aique.

_____ (1988). *Vygotsky y la formación social de la mente*. Barcelona: Paidós.

COLEÇÃO PSICOLOGIA SOCIAL

– *Psicologia social contemporânea*
Vários autores
– *As raízes da psicologia social moderna*
Robert M. Farr
– *Paradigmas em psicologia social*
Regina Helena de Freitas Campos e Pedrinho Guareschi (orgs.)
– *Psicologia social comunitária*
Regina Helena de Freitas Campos e outros
– *Textos em representações sociais*
Pedrinho Guareschi e Sandra Jovchelovitch
– *As artimanhas da exclusão*
Bader Sawaia (org.)
– *Psicologia social do racismo*
Iray Carone e Maria Aparecida Silva Bento (orgs.)
– *Psicologia social e saúde*
Mary Jane P. Spink
– *Representações sociais*
Serge Moscovici
– *Subjetividade e constituição do sujeito em Vygotsky*
Susana Inês Molon
– *O social na psicologia e a psicologia social*
Fernando González Rey
– *Argumentando e pensando*
Michael Billig
– *Políticas públicas e assistência social*
Lílian Rodrigues da Cruz e Neuza Guareschi (orgs.)
– *A invenção da sociedade*
Serge Moscovici
– *Psicologia das minorias ativas*
Serge Moscovici
– *Inventando nossos selfs*
Nikolas Rose
– *A psicanálise, sua imagem e seu público*
Serge Moscovici

– *O psicólogo e as políticas públicas de assistência social*
Lílian Rodrigues da Cruz e Neuza Guareschi (orgs.)
– *Psicologia social nos estudos culturais*
Neuza Guareschi e Michel Euclides Bruschi (orgs.)
– *Envelhecendo com apetite pela vida*
Sueli Souza dos Santos e Sergio Antonio Carlos (orgs.)
– *A análise institucional*
René Lourau
– *Psicologia social da comida*
Denise Amon
– *Loucura e representações sociais*
Denise Jodelet
– *As representações sociais nas sociedades em mudança*
Jorge Correia Jesuíno, Felismina R.P. Mendes e Manuel José Lopes (orgs.)
– *Grupos, organizações e instituições*
Georges Lapassade
– *A psicologia social da comunicação*
Derek Hook, Bradley Franks e Martin W. Bauer (orgs.)
– *Crítica e libertação na psicologia*
Ignacio Martín-Baró
– *Psicologia social do trabalho*
Maria Chalfin Coutinho, Marcia Hespanhol Bernardo e Leny Santo (orgs.)
– *Psicologia e assistência social*
Lílian Rodrigues da Cruz, Neuza Guareschi e Bruna Moraes Battistelli (orgs.)
– *Psicologia política marginal*
Aline Reis Calvo Hernandez e Pedrinho Guareschi (orgs.)